WELPENERZIEHUNG - SANFT UND LIEBEVOLL

Wie Sie Ihren Welpen erfolgreich erziehen und trainieren. Der ultimative Leitfaden der Hundeerziehung für Anfänger

Autor

Peter von der Au

ISBN Paperback: 9798838093936

ISBN Hardcover: 9798838094209

Inhaltsverzeichnis

Einleitung

Es ist endlich so weit: Der erste Welpe zieht ein. Ein spannender und aufregender Moment, der für viele Familien nicht immer leicht ist. Nach und nach kommen immer mehr Fragen auf und schon, bevor der Welpe eingezogen ist, möchte man einfach alles perfekt machen. Besonders als Ersthundebesitzer tauchen immer mehr Fragen auf.

Gerade Welpen sind einfach besonders süß und niedlich. Man möchte ihnen weder Schaden zufügen, noch möchte man, dass sie sich unwohl fühlen. Genau aus diesem Grund sollte man sich bereits vor dem Kauf eines Welpen genau informieren, worauf man sich einlässt. Das bedeutet, dass man sich im Vorfeld Gedanken über die Erziehung, das Training und vieles mehr machen sollte. Gerade in der Welpenerziehung gibt es verschiedene Stufen der Erziehung. Auch die Grundkommandos sollte ein Welpe schon von klein auf lernen.

Doch wie geht man in der Erziehung eigentlich am besten vor? Gibt es konkrete Tipps und Hilfen, die man bekommen kann? Oder muss man während der Welpenzeit auf etwas ganz Bestimmtes achten? Genau mit diesen Fragen beschäftigen sich sehr viele Hundehalter oder hundeinteressierte Menschen. Niemand möchte etwas falsch machen, vor allem dann nicht, wenn man nicht weiß, wie man einen Welpen erziehen soll.

Um genau diesen Fragen auf den Grund zu gehen und eine kleine konkrete Anleitung für die Welpenerziehung zu bekommen, ist dieser Ratgeber hilfreich. Er bietet zahlreiche Informationen rund um die Welpenerziehung und hilft dabei, die ersten Schritte gemeinsam mit dem eigenen Welpen gehen zu können. Alle wichtigen Punkte, Trainingseinheiten, Ernährungshilfen und vieles mehr sind in diesem Ratgeber miteinander kombiniert und zusammengefasst worden. Somit steht dem Einzug eines Welpen garantiert nichts mehr im Wege.

Wir wünschen viel Spaß in der Welpenerziehung und freuen uns, dass Sie unseren hilfreichen Ratgeber lesen. Genießen Sie die Welpenzeit – sie vergeht viel schneller, als man sich denkt.

Der Welpe zieht ein! – Wichtige Punkte und erste Schritte

Es ist endlich so weit – nachdem eine lange Zeit vom Besuch eines Züchters oder Tierheimes bis zum Einzug des neuen Familienmitgliedes verging, kann man sich umso mehr auf den gemeinsamen Tag des Einzugs freuen. Es ist ein besonders aufregender Tag, nicht nur für den Welpen selbst, sondern auch für die neuen, frisch gebackenen Hundehalter. Gerade an einem solchen aufregenden Tag sollte man allerdings die Nerven behalten. Man darf nicht vergessen, dass es für den Welpen umso schwerer ist, von seiner Mutter und seinen Geschwistern getrennt zu sein. Für einen Welpen ist es besonders schwer, sich in der neuen Umgebung zurechtzufinden. Neue Menschen, ein neues Umfeld, eventuelle neue Familienmitglieder und die komplett neue Umgebung können schon sehr beängstigend sein. Ein Zustand, an den sich auch ein Welpe erst einmal gewöhnen muss.

In der neuen Umgebung gibt es viele Gefahren für den Neuankömmling, denen man sich wahrscheinlich auf den ersten Blick nicht einmal bewusst ist. Putzmittel, Medikamente, steile Treppenstufen oder bestimmte Pflanzen können für einen Welpen eine Gefahr darstellen. Daher ist es schon vor dem Einzug des neuen Familienmitgliedes sehr wichtig, dass man die eigenen vier Wände welpensicher macht und darauf achtet, dass keine Gefahren sichtbar sind. Man wird relativ schnell merken, dass Welpen nach einer kurzen Eingewöhnungszeit ziemlich neugierig werden und einfach alles entdecken wollen. Sie lecken alles an, nehmen alles in den Mund und möchten einfach die vielen neuen Eindrücke aufsaugen. Daher sollte man schon im Vorfeld schauen, welche Gefahren man in den eigenen vier Wänden vermeiden kann. Welche das genau sein können und worauf man auch in den eigenen vier Wänden achten muss, werden wir im Laufe dieses Kapitels genauer beschreiben.

Kommen wir erst einmal zu den weiteren wichtigen Details, wenn der Welpe einzieht. Auch wenn viele Hundehalter denken, dass ein Welpe noch keine Erziehung braucht, ist das völlig falsch. Natürlich kann man dem Welpen zwei bis fünf Tage zur Eingewöhnung geben. Man wird relativ schnell merken, wann sich der Vierbeiner eingelebt hat. Umso eher man mit einem ausgiebigen Training beginnt, umso schneller lernt der Vierbeiner und umso schneller vertieft er seine Kenntnisse. Es ist auch für einen Welpen sehr wichtig, dass er die klaren Regeln in der neuen Umgebung kennenlernt und auch weiß, was er darf und was er nicht darf. Viele Hundehalter machen den Fehler, ihren Welpen erst später zu erziehen, weil sie denken, dass ein kleiner Welpe von acht bis zehn Wochen keine Erziehung braucht. Dies ist allerdings falsch und ein völliger Irrtum. Auch ein Welpe braucht eine liebevolle Erziehung. Ab wann man mit der Erziehung beginnen sollte und was wichtig ist, möchten wir jedoch erst im nachfolgenden Kapitel erläutern.

Bevor wir uns an die Erziehung machen, ist es wichtig zu wissen, was vor dem Einzug des Welpen alles gemacht werden sollte. Wie bereits erwähnt ist es wichtig, die Wohnung erst einmal welpensicher zu machen. Das bedeutet, dass keinerlei Gefahrenquellen in der Wohnung vorhanden sein sollten. Man sollte wissen, dass sich Welpen oder Hunde generell viel mit ihrer Schnauze orientieren. Das bedeutet, dass sie mit ihrer Nase über den Boden streifen, Schuhe und Socken klauen, alles ankauen und anlecken, ohne zu wissen, dass bestimmte Bereiche in den eigenen vier Wänden eine Gefahr darstellen könnten.

Gerade Pflanzen oder Stromkabel können schnell angefressen werden. Es ist wichtig, diese entweder ganz wegzustellen oder zu schützen. Auch Tabletten, Essensreste oder andere Speisen sollten nicht mehr frei herumliegen. Welpen kennen diese Gefahren nicht und finden es interessant, einfach mal daran zu lecken oder es anzuknabbern. Das Gleiche gilt übrigens auch für Treppen. Welpen sollten noch keine Treppen laufen. Dies schädigt nicht nur die Gelenke, sondern kann sehr gefährlich sein. Die Kleinen könnten beispielsweise die Treppen herunterfallen oder zwischen den Stufen durchfallen. Je nach Größe des Welpen kann dies bereits zu schwerwiegenden Verletzungen führen. Es ist daher sehr wichtig, vor dem Einzug alle gefährlichen Gegenstände wegzustellen und darauf zu achten, dass der Vierbeiner sich nicht verletzen kann.

Zu den Vorbereitungen gehört auch eine gute Welpenausstattung. Damit ist nicht nur ein passendes Hundebett gemeint, sondern auch ein Futternapf, ein Wassernapf und Welpenfutter. Damit Sie nichts vergessen, haben wir noch einmal eine kleine Auflistung dazu gemacht.

Checkliste

- Halsband
- Hundegeschirr
- Hundebett
- Evtl. Hundedecke
- Futternapf
- Wassernapf
- Welpenfutter
- Welpen-Leckerchen
- Spielzeug für Welpen
- Transportbox oder Autogurt
- Bürste
- Shampoo für Welpen
- Kotbeutel
- Hundeleine

Diese kleine Auflistung soll nur die wichtigsten Utensilien aufzeigen, die ein Welpe benötigt. Je nach Rasse und Größe des Hundes können es noch ein paar Dinge mehr sein. Das sollte jeder Hundehalter allerdings selbst entscheiden. Wichtig ist, dass die Grundausstattung schon im Vorfeld vorhanden ist.

Kommen wir nun zu den ersten gemeinsamen Schritten zu Hause mit dem Welpen. Dies ist, wie schon erwähnt, nicht nur für den Halter selbst besonders interessant und aufregend, sondern erst recht für den Welpen. Es kann schon hilfreich sein, zu zweit den Welpen abzuholen, damit sich immer einer um den Kleinen kümmern kann. Nicht selten nehmen Hundehalter einen weiten Weg auf sich, um den Welpen abzuholen. Um dem Welpen und sich selbst die Zeit zu geben, sollte man daher niemals allein fahren. Der Welpe braucht die Nähe und Ruhe während der Fahrt und kann noch nicht allein in einer Box mitfahren.

Auch die ersten Schritte in dem neuen Zuhause sollte man behutsam und langsam angehen lassen. Am besten zeigt man seinem Welpen, wo er bald schlafen und fressen darf. Natürlich zeigt man ihm nicht sofort alle Räume. Dies würde den Welpen sehr schnell überfordern. Er braucht schließlich eine gewisse Zeit, um sich in der neuen Umgebung zurechtzufinden. Zu viele neue Eindrücke würden ihn überfordern. Am besten macht man am ersten Tag noch nicht besonders viel. Auch Verwandte, Freunde oder die Familie sollten in den ersten Tagen nicht zu Besuch kommen. Es ist wichtig, dass sich der Welpe erst einmal an seine Umgebung und den neuen Halter gewöhnt. Dies kann eine Weile dauern. Einige sagen, dass man die ersten 14 Tage keinen Besuch empfangen sollte, andere wiederum sagen, dass es sogar bis zu vier Wochen dauern sollte. Eine Faustregel gibt es dabei einfach nicht. Viel wichtiger ist es, dass sich der Welpe und auch die Halter an die neue Situation gewöhnen und sich kennenlernen. Man wird merken, wann der Zeitpunkt gekommen ist, Besuch empfangen zu können. Gerade in den ersten Wochen sollte man sich am besten Urlaub nehmen, damit man so viel Zeit wie möglich mit seinem Vierbeiner verbringt. In dieser Zeit wird man ihn sehr gut kennenlernen können und herausfinden, wie weit er sich bereits entwickelt hat.

Außerdem ist es vor allem in der ersten Nacht mit dem Welpen wichtig, dass man bei seinem Welpen schläft und ihm die Sicherheit und Geborgenheit gibt, die er sonst durch seine Geschwister und Elterntiere erleben konnte. Außerdem schafft man dadurch ein großes Gefühl von Sicherheit und Vertrauen. Genau diese Bindung ist in den ersten Tagen und Wochen sehr wichtig. Hinzu kommt, dass man dadurch deutlich schneller vor die Tür kommt, falls dem Vierbeiner mal ein Missgeschick passieren sollte. Dies ist bei Welpen noch völlig normal.

Neben diesen wichtigen Details zu den ersten Tagen mit dem Welpen ist es ebenso wichtig, zu schauen, dass man ihm genug Ruhephasen bieten kann. Welpen brauchen viel Schlaf, damit sie alles, was sie am Tag erlebt haben, auch wieder verarbeiten können. Das Gehirn eines Welpen braucht mehrere Pausen am Tag. Man sagt sogar, dass Welpen bis zu 22 Stunden Schlaf am Tag brauchen. Dies ist jedoch nur ein Richtwert. Es gibt auch Welpen, die nicht so viel Schlaf benötigen oder deutlich aktiver sind.

Außerdem gehört Körperkontakt zu den wichtigsten Punkten dazu. Der Welpe sollte sich schließlich geborgen und auch sicher fühlen. Dadurch kann man das Vertrauen zwischen Hund und Halter stärken, aber auch die Bindung. Man sollte dabei bedenken, dass Welpen es gewohnt sind, immer nah an der Mutter zu schlafen und somit auch Geborgenheit und Liebe zu spüren. Genau das sollte man als Halter auch seinem Welpen geben können. Sollte er das nicht wollen oder lieber allein sein, wird er das durch seine Körpersprache kommunizieren. Wie die Körpersprache eines Welpen aussieht und worauf man auch dort achten sollte, werden wir in einem anderen Kapitel erklären.

Es ist gut, zu erkennen, dass es besonders in den ersten Tagen und Wochen wichtige Punkte gibt, auf die man bereits achten sollte. Das bedeutet nicht, dass man am Tag des Einzuges mit dem Training beginnen sollte. Eher im Gegenteil, denn ein bisschen Zeit darf man seinem Vierbeiner schon geben, um sich an die neue Umgebung zu gewöhnen.

Ab wann sollte man mit dem Training beginnen? – Empfehlungen und Informationen

Nach all diesen wichtigen Informationen zum Einzug des Welpen ist es natürlich fraglich, ab wann man seinen Welpen eigentlich erziehen soll. Beginnt die Erziehung nicht schon am ersten Tag? Sollte man sofort mit den Grundkommandos beginnen? Und vor allem, wo fängt Erziehung eigentlich genau an? All diese Fragen beschäftigen mehr und mehr Hundehalter. Daher ist es nicht verwunderlich, dass man auch darauf eine konkrete Antwort wünscht.

Eine Antwort auf die Frage bekommt man in der Regel schnell. Schließlich kann man das Welpentraining schon sehr schnell beginnen. Experten sind sogar der Meinung, dass man sofort mit dem Training beginnen sollte, und zwar auch dann, wenn der Welpe acht Monate alt ist. Genau zu dem Zeitpunkt, wo man ihn sich nach Hause holt. Man sollte wissen, dass Welpen zu diesem Zeitpunkt bereits 80 % der Gehirnleistung entwickelt haben. Das bedeutet, dass sie auch bereit sind, Neues zu erlernen und zu erfahren.

Außerdem sind Welpen schon von klein auf sehr lernwillig. Sie möchten gemeinsam mit ihren Haltern die Welt entdecken. Wichtig dabei ist es allerdings, auf eine konsequente und ruhige Erziehung zu achten. Genauso wichtig ist es, den Welpen nicht zu überfordern. Das bedeutet, dass man nicht zu lange trainieren sollte. Welpen haben in ihren jungen Lebensjahren eine sehr kurze Aufmerksamkeitsspanne. Das bedeutet, dass sie sehr schnell erschöpft sind und nicht lange aufnahmefähig, um zu lernen. Trotz alledem versuchen Welpen, das Erlernte sehr schnell umsetzen zu können. Man sollte sich daher immer vor Augen halten, dass es viel einfacher ist, den Welpen schon in den jungen Jahren zu erziehen, anstatt später damit anzufangen, wenn er sich schon die eine oder andere schlechte Angewohnheit gemerkt hat.

Wie lange darf man mit einem Welpen spazieren gehen?

Bevor wir uns weiter an die Grunderziehung für Welpen machen, möchten wir noch auf ein anderes Thema eingehen, welches wir als wichtig erachten – die Gassirunden bei Welpen.

Die richtige Gassizeit ist mittlerweile weit umstritten. Es gibt eine Faustregel, die schon seit vielen Jahren besteht und auch von vielen Haltern eingehalten wird. Diese besagt, dass ein Welpe pro Lebensmonat fünf Minuten Gassi gehen darf. Das bedeutet schlichtweg, dass man lieber viel öfter Gassi gehen sollte, anstatt oft und lange. Gerade bei größeren Hunderassen sollte man die Belastung nur langsam steigern. Natürlich wollen Welpen die Welt entdecken und machen draußen nicht den Anschein, als würden sie kaputt sein und nach Hause wollen. Doch genau dann sollte man als Hundehalter Verantwortung übernehmen und nicht zu lange Runden Gassi gehen.

Man kann seinen Welpen auch anders auslasten, als bereits in den frühen Jahren stundenlang spazieren zu gehen. Beispielsweise kann man mit Suchspielen beginnen oder andere spielerische Aktivitäten planen. Und das, ohne dass man seinen Welpen körperlich stark belastet.

Neben der 5-Minuten-Regelung sollte man unbedingt darauf achten, dass Welpen noch keine Treppen laufen. Auch das kann die Gelenke sehr stark belasten. Es ist für den Hundehalter sehr wichtig, dass er besonders in den ersten Lebensmonaten unbedingt auf seinen Welpen achtet. Dieser kann noch nicht selbst entscheiden oder wissen, wann es genug ist und wann man sich ausruhen sollte. Genau dann muss man als Hundehalter eingreifen und unbedingt darauf achten, dass es für den Welpen nicht zu viel wird.

Die wichtigsten Stufen in der Welpenerziehung

Die Welpenerziehung gehört mit zu den wichtigsten Stufen in der allgemeinen Hundeerziehung. Schon von klein auf müssen Welpen lernen, welche Regeln es in den eigenen vier Wänden, in der freien Natur und vor allem auch gegenüber anderen Artgenossen und Menschen gibt. Welpen müssen erst einmal lernen, was sie in ihrer Umgebung alles erleben können, was sie dürfen und wie sie sich zu verhalten haben. Aufgrund dessen gibt es einige wichtige Stufen in der Welpenerziehung, an die sich auch der Hundehalter halten sollte. Doch nicht nur ein Halter allein, sondern die ganze Familie. Der Zusammenhalt mit der gesamten Familie ist in der Welpenerziehung besonders wichtig. Hunde sind schlaue Tiere. Sie merken sofort, wenn einer aus der Familie inkonsequent ist. Genau das darf nicht passieren, da die gesamte Erziehung des Welpen kaputt gehen kann.

Um zu veranschaulichen, welche Stufen in der Welpenerziehung besonders wichtig sind, haben wir die fünf relevantesten Stufen herausgefiltert. Diese möchten wir in diesem Kapitel einmal genauer erklären, um aufzeigen zu können, was bei der Erziehung eines Welpen wichtig ist und wo man am besten anfängt. Wenn man schon von Beginn an Regeln festlegt und schaut, dass man auch die richtigen Kommandos erlernt und vor allem die Bindung zwischen Hund und Mensch festigt.

Nachfolgend möchten wir daher die wichtigen fünf Punkte in der Welpenerziehung aufzeigen und beschreiben, wie man das Bestmögliche in der Erziehung des Vierbeiners erreichen kann.

1. Grundregeln festlegen und setzen

Welpen brauchen Regeln und das schon ab dem Moment, wo der Vierbeiner in sein neues Zu Hause einzieht. Auch wenn dies für viele Menschen in erster Linie hart klingt, muss der Vierbeiner trotz alledem wissen, was er zu Hause darf und was nicht. Angefangen mit kleinen Regeln, wie beispielsweise das Lösen im Garten, bis über das Aufsuchen des eigenen Schlaf- und Ruheplatzes.

Schon bevor der Welpe einzieht, ist es daher sehr wichtig, sich mit der ganzen Familie zusammenzusetzen und Regeln aufzustellen. Diese sollte man am besten gemeinsam erarbeiten, damit auch alle mit den neuen Regelungen und der Erziehung im Allgemeinen zufrieden sind. Schließlich soll in der Welpenerziehung die gesamte Familie an einem Strang ziehen. In erster Linie sollte man unbedingt auf eine liebevolle und zugleich auch konsequente Erziehung achten. Egal bei welcher Hunderasse oder Größe des Hundes: Konsequenz und viel Liebe sollten immer an erster Stelle stehen. Nur so schafft man es gemeinsam mit dem Welpen, ein stressfreies und tolles Zusammenleben zu führen. Der Welpe muss daher schon von klein auf lernen, welche Position er in der Familie hat. Das bedeutet nicht, dass man genau das mit Strafen oder Strenge erreichen kann. Eher im Gegenteil, denn eine positive und harmonische Grundstimmung kann bereits viele Vorteile in der Welpenerziehung bieten und gleichzeitig auch dafür sorgen, dass sich auch der kleine Vierbeiner gut entwickeln kann. Man sollte sich immer vor Augen halten, dass Hunde Rudeltiere sind. Das bedeutet, dass sie klare Regeln, Strukturen und Position in der Familie brauchen, um seelisch gut aufgestellt zu sein und sich wohlzufühlen. Sollte man seinem Vierbeiner nicht zeigen, in welcher Position er in der Familie steht, und zeigt ihm gleichzeitig keinerlei Regeln auf, kann dies bereits zu einem unerwünschten Verhalten des Vierbeiners kommen. Gerade dann, wenn der Vierbeiner erwachsen wird. Schließlich nimmt er alles mit in sein Erwachsenenalter, was er in den Welpenjahren gelernt hat.

Welche Grundregeln der Welpe lernen soll und woran er sich halten soll, muss die Familie selbst festlegen. Schließlich kann gerade ein Welpe das gesamte Leben in der Familie auf den Kopf stellen. Ein Grund mehr, um dem Vierbeiner sofort klare Grundregeln aufzuzeigen.

Zu den wichtigsten Grundregeln gehören vor allem die Regeln im Haus. Wo darf der Welpe überall hin? Gibt es Orte oder Zimmer, zu denen man ihm den Zugang bereits verbieten möchte? Darf der Hund aufs Bett oder aufs Sofa? Genau diese Fragen sollte man sich schon von Beginn an stellen. Ein Welpe, der beispielsweise aufs Sofa darf und später, aufgrund seiner Größe, nicht mehr soll, wird das spätere Verbot nicht verstehen. Was wir damit sagen wollen, ist, dass man seinem Welpen schon von klein auf antrainieren sollte, nicht aufs Sofa oder Bett zu springen. Außerdem sollte jeder selbst entscheiden, was der Welpe alles lernen soll. Sitz, Platz und Fuß gehören zwar zu den Grundkommandos, aber nicht zu den Regeln. Es ist daher sehr wichtig, dass man im Vorfeld

Grundregeln zusammenstellt, damit der Welpe vom ersten Tag an lernt, was er in den eigenen vier Wänden darf und was nicht. Mit der Zeit festigt sich dieses Verhalten stark, sodass der Hund im Erwachsenenalter genau weiß, welche Regeln er in den eigenen vier Wänden zu befolgen hat. Nur wenn der Welpe bereits klare Linien und Regeln hat, wird er sich voll und ganz wohlfühlen und ein tolles und entspanntes Hundeleben führen können.

Folgende Regeln könnten beispielsweise zu den Grundregeln gehören, die man in den eigenen vier Wänden und mit der gesamten Familie zusammenstellen kann.

- Darf der Hund jedes Zimmer betreten oder soll etwas abgesperrt werden?
- Wo liegt der Schlaf- und Ruheplatz des Hundes?
- Darf der Hund aufs Sofa?
- Darf der Hund in alle Betten springen?
- Wo soll der Hund sitzen oder liegen, wenn die Familie isst?
- Wo ist der Essensplatz des Hundes?
- Welche Kommandos soll der Vierbeiner lernen?
- Wie soll der Hund ernährt werden?
- Wer geht mit dem Vierbeiner morgens, mittags, abends Gassi?

Diese Fragen dienen nur beispielsweise dafür, worüber man sich grundsätzlich Gedanken machen sollte, wenn man sich einen Welpen anschafft. Das Wichtigste ist einfach, dass die gesamte Familie immer an einem Strang zieht, damit auch der Welpe weiß, welche Position er in der Familie hat und was er darf und was nicht.

2. Die Grundkommandos erlernen und trainieren

Jeder Hund sollte die einen oder anderen Kommandos lernen. Diese sind nicht nur dazu da, um dem Vierbeiner etwas beizubringen, sondern vielmehr dazu, eine Erleichterung im Alltag zu schaffen. Welche Grundkommandos der Welpe können muss und welche Signalwörter man dafür einsetzt, muss der Hundehalter selbst festlegen. Sitz, Platz, Bleib, Aus und Hier gehören zu den fünf wichtigsten Kommandos, die man schon im Welpenalter trainieren sollte. Schon in den jungen Lebensjahren des Hundes wird das Erlernte gefestigt. Umso früher der Hund diese Grundkommandos lernt, umso schneller und besser prägt er sich diese ein. Für ein glückliches und schönes Leben mit dem Vierbeiner ist es daher auch wichtig, neben den Regeln auch Grundkommandos einzuführen.

Damit Sie sich ein Bild machen können, wie man die wichtigsten Grundkommandos an den Vierbeiner weitergibt, haben wir diese in diesem Kapitel zusammengefasst und beschrieben. Versuchen Sie die einzelnen Übungen einfach mal und schauen Sie, wie Sie auch Ihrem Welpen die ersten Kommandos beibringen können und damit den Alltag erleichtern.

Das Grundkommando „Sitz“

Das Kommando „Sitz“ gehört bei der Welpenerziehung mit zu den Grundkommandos, mit denen man einen Hund zur Ruhe bringen kann. Dieses Kommando kann man einsetzen, wenn der Vierbeiner beispielsweise an der Straße sitzen soll oder aber auch, wenn man ihm weitere Kommandos, wie unter anderem das „Platz“ beibringen möchte. Mit dem Kommando „Sitz“ kann man den Vierbeiner beispielsweise auch warten lassen, wenn man ihm was zu essen gibt, oder aber auch möchte, dass er beispielsweise auf etwas Bestimmtes warten soll. Es gibt viele Gründe, warum das Kommando „Sitz“ mit zu den absoluten Grundkommandos gehört, die ein Vierbeiner lernen soll. Wer schließlich auch das Kommando „Platz“ lehren möchte, sollte im Vorfeld das Kommando „Sitz“ gelehrt haben. Das Zweitere kann der Vierbeiner nur lernen, wenn er das erste Kommando erlernt hat.

Am besten übt man, das gilt übrigens für alle Grundkommandos, in einer Umgebung, in der der Welpe keinerlei Ablenkung erfährt. Dies kann beispielsweise ein Raum in den eigenen vier Wänden sein oder aber auch eine Stelle im heimischen Garten, wo der Hund sich gut konzentrieren kann. Einem Hund das Kommando „Sitz“ beizubringen ist nicht besonders schwer. In der Regel lernen die Vierbeiner sehr schnell dieses Kommando, ohne dass man viel dafür tun muss. Wichtig ist, dass man mit ausreichend Geduld, Liebe und Zeit an die Sache herangeht. Nur so kann man seinem Welpen beibringen, wie das Kommando „Sitz“ funktioniert.

Damit man seinem Welpen das erste Grundkommando „Sitz“ beibringen kann, beginnt man am besten mit einem Leckerchen. In der Regel mögen alle Vierbeiner Leckerchen. Als Halter wird man garantiert das Passende finden, dem der kleine Vierbeiner nicht widerstehen kann. Um die Übung zu beginnen, nimmt man nun das Leckerchen in die Hand und führt die Hand langsam über den Kopf des Hundes. Dazu am besten schon den Zeigefinger zeigen. Ein gutes Zeichen, damit der Hund später weiß, dass er bei einem gestreckten Zeigefinger „Sitz“ machen soll. Sobald man dem Vierbeiner das Leckerchen über den Kopf führt, setzt er sich automatisch hin. Und genau dann sollte man das Kommando „Sitz“ klar und deutlich sagen. Der Vierbeiner verbindet nicht nur den Zeigefinger mit diesem Kommando, sondern auch das Wort „Sitz“. Kurz und knapp sollte man dieses schon benennen, damit der Welpe auch weiß, was er tun soll. Am besten führt man noch ein Lobwort ein. Bei vielen Hundehaltern ist es ein „Super“ oder ein „Klasse“. Doch auch ein „Spitze“ oder „Toll“ kann bereits als Lobwort eingesetzt werden. Für welches man sich entscheidet, kann jeder Hundehalter für sich selbst entscheiden.

Wichtig bei diesen Grundkommandos und grundsätzlich in der Hundeerziehung ist es, dass man immer mit positiver Verstärkung, in dem Fall mit einem Lobwort und einem Leckerchen, arbeitet. Hunde lernen viel schneller durch positive Verstärkung. Außerdem sollte man das Erlernen der Grundkommandos immer wieder trainieren. Dadurch werden die Kommandos gefestigt und der Vierbeiner kann sie schon fast von allein.

Ist das „Sitz“ erst einmal trainiert, wird das Training bei allen anderen Grundkommandos deutlich einfacher werden.

Das Kommando „Platz“

Wie bereits erwähnt, muss der Vierbeiner das Kommando „Sitz“ können, um ins „Platz“ zu gehen. Es ist daher sehr wichtig, dass der Welpe das „Sitz“ beherrscht und weiß, was er tun soll. Nur wenn er „Sitz“ kann, kann man ihm auch das „Platz“ beibringen.

Wir möchten auch für dieses Grundkommando eine kurze Anleitung geben und aufzeigen, wie man es am besten lehren kann. Dies funktioniert übrigens nicht nur bei einem Welpen, sondern auch bei erwachsenen Hunden, welche die Grundkommandos noch nicht können.

Um das „Platz“ zu trainieren, muss der Hund zuerst in die Ausgangsposition gehen. Diese ist bei dieser Übung das „Sitz“. Wie bei allen anderen Übungen für die Grundkommandos auch, wird auch hierbei mit Leckerchen trainiert. Diese sind in der Welpenerziehung und generellen Hundeerziehung unumgänglich.

Sobald der Welpe im „Sitz“ ist, wird wieder das Leckerchen in die Hand genommen. Bei dieser Übung wird das Leckerchen jedoch in die flache Hand genommen und auch die flache Hand wird vor die Nase des Welpen gehalten. Dann führt man mit der flachen Hand langsam auf den Boden. Es gibt viele Hunde, die sich genau dann automatisch hinlegen, aber auch Hunde, bei denen es eine ganze Weile länger dauern wird. Auch wenn es nicht sofort funktioniert, sollte man nicht sofort den Kopf in den Sand stecken. Sollte der Hund sich natürlich hinlegen und ins „Platz" gehen, ist es wichtig, dass man auch zu diesem Zeitpunkt seinen Vierbeiner lobt und eben das Lobwort nennt und das Leckerchen anbietet. Wieder wird mit der positiven Verstärkung gearbeitet. Sobald sich der Vierbeiner bei dieser Übung hinlegt, sofort loben. Dies merkt sich der Welpe und wird schon bald auch dieses Kommando vertiefen.

Wie bei allen anderen Übungen zu den Grundkommandos auch, ist es auch bei diesem nicht immer leicht, es zu lehren. Es ist daher auch bei einem „Platz" sehr wichtig, es immer wieder zu üben, und das nicht nur in einer reizarmen Umgebung. Wichtig ist schließlich, dass der Vierbeiner die Grundkommandos auch in einer Umgebung lernt, in der es zu starken Reizen kommt.

Übrigens: Möchte man ein Kommando, wie beispielsweise „Sitz" oder „Platz", auflösen, was bedeutet, dass der Hund sich wieder bewegen beziehungsweise aus diesem Kommando gehen darf, kann man dies mit dem Auflösewort „Okay" trainieren. Sobald der Welpe das „Platz" kann, darf er bei einem „Okay" wieder aufstehen. Durch eine solche Übung baut man zusätzliche Schwierigkeitsstufen ein. Diese sind wichtig, damit sich der Hund nicht langweilt und man ihm einiges bieten kann. Es gibt einige Hunderassen, die sehr schnell lernen und auch die Grundkommandos sehr schnell können. Besonders Welpen sind oftmals sehr lernwillig und wollen ihrem Halter gefallen. Genau dann ist es umso schöner, gemeinsam mit seinem Welpen zu trainieren und einen tollen Hund zu formen.

Das Kommando „Bleib"

Für viele Hundehalter ist das Kommando „Bleib“ ebenfalls sehr wichtig. Gerade dann, wenn der Hund beispielsweise an einer bestimmten Stelle sitzen oder liegen soll. Oftmals wird dieses Grundkommando von einigen Hundehaltern falsch verstanden. Wird dem Hund „Bleib“ beigebracht, heißt das auch, dass der Vierbeiner genau an dem Platz bleiben soll, ohne dass er zum Halter läuft. Der Halter hat wiederum die Aufgabe, den Vierbeiner genau an dem Punkt wieder abzuholen. Eine Übung, die nicht gerade einfach ist. Allerdings schafft man es mit viel Disziplin und einer liebevollen Erziehung garantiert, seinem Vierbeiner das „Bleib“ zu trainieren.

Damit man seinem Welpen das „Bleib“ trainieren kann, arbeitet man wieder mit Leckerchen. Die Gabe von Leckerchen ist das A und O in der Hundeerziehung. Die meisten Vierbeiner trainieren besonders gerne, wenn es das absolute Lieblingsleckerchen gibt. Natürlich gibt es auch Hunde, bei denen ein Leckerchen nicht hilft. Es ist daher sehr wichtig, dass man seinen Vierbeiner mit der Zeit genau kennenlernt und einfach einschätzen kann, wie er am besten zu trainieren ist. Man kann nicht pauschal sagen, dass genau dieses Schema bei jedem Hundecharakter und jeder Rasse funktioniert. Selbst Hunde, die der gleichen Rasse entsprechen, sind alle unterschiedlich.

Zurück zum Training. Am besten funktioniert das Kommando „Bleib“, wenn der Vierbeiner schon das „Sitz“ gelernt hat. Zuerst lässt man ihn also im „Sitz“. Danach sagt man „Bleib“ und geht einen Schritt zurück. Bleibt der Hund sitzen, geht man wieder auf ihn zu, gibt ihm das Leckerchen und sagt das Lobwort, welches man schon im Vorfeld bestimmt hat. Klingt einfach, ist es jedoch nicht immer. Diese Übung sollte schließlich auch erschwert werden. Kann der Welpe beispielsweise bei einem Schritt bleiben, erhöht man auf zwei und immer so weiter. Eine sehr gute Übung, wenn der Hund beispielsweise einige Minuten an einem Platz bleiben soll. Das

„Bleib“ ist daher eins der wichtigen Grundkommandos, die man schon in den sehr frühen Hundejahren lehren sollte.

Sollte es nicht sofort funktionieren und der Welpe immer wieder aufspringen, nicht die Fassung verlieren. Nicht jedes Grundkommando oder jede Übung lässt sich sofort und einfach umsetzen. Eher im Gegenteil. Häufig dauert es einfach einen gewissen Zeitraum, bis der Vierbeiner ein Grundkommando gelernt und verinnerlicht hat. Gerade bei einem Kommando wie „Bleib“ kann es oftmals etwas länger dauern, bis der Vierbeiner dieses Kommando kann. Schließlich muss er sitzen bleiben, obwohl sich sein Halter nach hinten und von ihm weg bewegt. Das ist für viele Welpen nicht leicht.

Aufgrund dessen ist es auch bei diesem Grundkommando umso wichtiger, dass man mit viel Liebe und Geduld vorgeht. Nur so kann man mit seinem Vierbeiner ein tolles und gutes Team werden. Schließlich macht das Training den meisten Hunden und Haltern sehr viel Spaß, sodass es zu einem regelrechten Hobby wird.

Das Kommando „Aus“

Genauso wichtig, wie die bereits genannten Kommandos, ist das Kommando „Aus“. Welpen sollten schon sehr früh lernen, wann es genug ist. Genau um das zu lehren, kann ein solches Kommando wirklich sinnvoll sein. Ein gutes Beispiel dafür ist folgendes: Der Welpe ist sehr verspielt und möchte Aufmerksamkeit. Er bekommt diese nicht und klaut beispielsweise einen Hausschuh oder etwas anderes. Mit dem Kommando „Aus“ soll der Welpe den geklauten Gegenstand fallen lassen und nicht mehr dran gehen. Dies ist nur eins der vielen Beispiele, die vor allem bei diesem Kommando relevant sind. Bei dem Kommando „Aus“ ist es eigentlich relativ egal, um welche Hunderasse es sich handelt. Schließlich muss man seinem Hund Grenzen setzen und Regeln aufzeigen. Dementsprechend kann das Kommando „Aus“ in sehr vielen Bereichen hilfreich sein und zeigen, wann es genug ist und der Vierbeiner aufhören soll.

Wie bei den anderen Grundkommandos auch, gibt es auch bei einem „Aus“ verschiedene Übungen, die man machen kann, damit der Hund lernt, etwas loszulassen oder in einer bestimmten Situation aufzuhören. Aufgrund dessen ist es nicht besonders schwer, seinem Vierbeiner ein „Aus“ beizubringen. Am besten lernen Hunde, besonders Welpen dieses Kommando, wenn man als Übung ein Tauschgeschäft einbaut. Ein gutes Tauschgeschäft kann beispielsweise das Lieblingsspielzeug des Vierbeiners gegen ein Leckerchen sein. Gerade solche Tauschgeschäfte funktionieren bei Vierbeinern in der Regel besonders gut.

Am besten übt man das „Aus“ genau dann, wenn der Welpe gerade sein Lieblingsspielzeug im Mund hat und es nicht sofort hergeben möchte. Läuft der Hund nun zu seinem Halter und lässt das Spielzeug beispielsweise fallen, kann man genau in dem Moment das Kommando „Aus“ einbauen und dem Hund ein Leckerchen anbieten. Der Welpe verknüpft das Fallenlassen des Spielzeuges mit diesem Kommando und lernt, dass er belohnt wird, wenn er etwas fallen oder sein lässt.

Natürlich muss man das Kommando „Aus“ nicht immer mit einem Spielzeug trainieren. Auch bei einer solchen Übung kann man seiner eigenen Kreativität freien Lauf lassen und nach und nach die Übungen erschweren. Mit der Zeit wird der Vierbeiner sehr schnell erkennen, dass das Kommando „Aus“ ernst zu nehmen ist und er etwas sofort fallen lassen oder sein lassen soll.

Das Kommando „Hier“

Das Kommando „Hier“ wird gerne als Rückruf verwendet. Wer seinen Vierbeiner auch mal frei auf der Wiese laufen lassen möchte, sollte unbedingt mit diesem Grundkommando arbeiten. Schließlich soll der Hund auch wieder zurückkommen, wenn er mit anderen Hunden auf der Wiese tobt oder einfach mal auf einem Feld laufen möchte. Ob dieses Grundkommando nun mit dem Wort „Hier" oder „Hierhin" trainiert wird, sollte jeder Halter für sich selbst in Erfahrung bringen. Auch bei den Übungen für dieses Grundkommando gibt es verschiedene Wege, um seinem Vierbeiner das „Hier" beizubringen.

Fangen wir mit der einfachsten Übung an. Der Welpe rennt beispielsweise durch den Garten und läuft auf den Halter zu. Genau dann sollte man schon das „Hier" einbauen. Am besten nennt man den Namen des Hundes und das „Hier" dahinter. Kommt der Vierbeiner zu einem gelaufen, sofort mit einem Leckerchen und Lobwort belohnen. Besonders bei Welpen ist es noch viel leichter, dieses Kommando zu lehren, da die Kleinen sehr auf ihre Halter fixiert sind. In der Pubertät beispielsweise wird es schon schwieriger, da der Hund andere Dinge im Kopf hat, die für ihn deutlich interessanter sind als das eigene Herrchen.

Am besten trainiert man auch dieses Kommando erst einmal in der Umgebung, in der keine fremden Reize auftreten. Welpen sind besonders schnell abgelenkt, wenn ein Vogel im Garten umherfliegt oder aber auch ein ungewöhnliches Geräusch aufkommt.

Das Kommando „Hier" ist daher genauso einfach zu lehren wie alle anderen auch. Es kommt allerdings auch auf den Hund selbst und das Lernen an sich an. In der Regel lernen Welpen besonders schnell und orientieren sich besonders gerne an ihren Haltern.

Es ist daher schon in den jungen Welpenjahren sehr wichtig, dem Vierbeiner die unterschiedlichsten Grundkommandos zu lehren. Er muss daher nicht nur die Regeln und Grenzen von klein auf lernen, sondern auch einige Kommandos, die den Alltag erleichtern können. Mit etwas Übung und viel Geduld lernt auch der Welpe schnell alle Grundkommandos kennen und weiß in den unterschiedlichsten Situationen, wie er zu reagieren hat.

3. Die Mensch-Hund-Beziehung aufbauen: Was bedeutet das?

Viele Hundehalter haben es bestimmt schon mal gehört: „Die Mensch-Hund-Beziehung", eine wichtige Beziehung zwischen einem selbst und seinem Vierbeiner. Doch was bedeutet das eigentlich und wie genau kann man eine solche Beziehung aufbauen? Diese Fragen sind mehr als typisch, wenn man sich mit der Erziehung seines Welpen befasst. Schließlich durchlaufen Hunde unterschiedliche Stufen und müssen die Beziehung zum Halter erst einmal aufbauen. Vertrauen, Harmonie, Liebe und Zuneigung gehören mit zu den Eigenschaften, die man sich gerne von seinem Vierbeiner wünscht. Auch der Hund selbst wird merken, dass ein harmonisches Zusammenleben mit seinen Haltern deutlich leichter und schöner ist, als wenn man ständig aneckt.

Es ist daher besonders wichtig, dass der Halter vom Welpenalter an damit beginnt, die Beziehung zwischen ihm und seinem Hund zu stärken und aufzubauen. Eine starke Bindung zwischen Halter und Hund ist nicht einfach über Nacht möglich. Es dauert in der Regel eine gewisse Zeit, bis man die Bindung zu seinem Vierbeiner aufbaut und es zu einem harmonischen Zusammenleben kommt. Damit man aber auch diese Mensch-Hund-Beziehung perfektioniert, um mit seinem Vierbeiner gemeinsam einen tollen und abenteuerreichen Alltag zu bestreiten, möchten wir in diesem Kapitel die wichtigsten Fakten dazu zusammenfassen.

Eine gute Beziehung zwischen Halter und Hund entsteht vor allem durch gemeinsame Aktivitäten und auch Übungen, wie beispielsweise das Erlernen der Grundkommandos. Besonders

Welpen merken sehr schnell, wann sie ihrem Halter vertrauen können, und wissen bereits nach einer kurzen Zeit, dass sie sich sicher fühlen können. Meistens ist das genau daran zu erkennen, dass sich der Welpe gar nicht erst von seinem Halter weg bewegt und immer in der Nähe bleibt. Ständig sucht der Vierbeiner die Nähe zu seinen Haltern und möchte immer dabei sein. Es gibt aber auch viele weitere Verhaltensweisen, die auf eine gute Mensch-Hund-Beziehung hindeuten.

Grundsätzlich entsteht eine gute Bindung zum Hund nicht nur durch die Erziehung, sondern vielmehr durch eine Beziehung. Vertraut der Welpe seinem Halter, ist schon ein grundlegender Stein für eine gute Hund-Mensch-Beziehung gesetzt. Durch ein gutes Vertrauen kann man gemeinsam mit seinem Vierbeiner ganz neue und tolle Wege gehen. Jeder Hundehalter wünscht sich, mit seinem Vierbeiner gemeinsam ein absolutes Dream-Team aufzubauen.

So kann man testen, ob eine gute Hund-Mensch-Beziehung besteht

Es gibt natürlich die Möglichkeit, zu testen, ob schon eine gute Beziehung zwischen Mensch und Hund besteht. Kommt der Vierbeiner beim Rufen beispielsweise zurück? Orientiert er sich immer in der Nähe des Menschen? Freut er sich, wenn man gemeinsam etwas unternimmt? Auch wenn sich dies für viele Hundehalter als normal anhört, sind das bereits die ersten Anzeichen dafür, dass eine gute Mensch-Hund-Beziehung besteht.

Sollte die Beziehung zwischen Halter und Hund noch nicht besonders gut ausgereift sein, gibt es verschiedene andere Möglichkeiten, um die Bindung zu stärken. Damit ist die sogenannte Bindungsarbeit gemeint, die der Halter mit seinem Hund nach und nach trainieren kann. Die Bindungsarbeit ist ebenfalls ein Grundstein, um mit seinem Vierbeiner gemeinsam eine sehr gute Basis zu finden und den Hundealltag im Allgemeinen harmonischer und leichter zu gestalten. Grundsätzlich kann man die Bindungsarbeit einfach in den eigenen Alltag mit einbauen. Wichtig dabei ist es, den eigenen Hund eine Weile zu beobachten und genau zu schauen, in welchen Situationen man diese Bindung aufbauen kann. Es gibt immer Momente, in denen der Halter bemerkt, dass er seinem Welpen helfen kann. Der Welpe bemerkt in dem Moment, dass er sich auf seinen Halter verlassen kann, und baut eine Bindung auf. Beide Seiten lernen, in bestimmten Situationen korrekt zu handeln und den anderen einschätzen zu können. Nicht nur der Halter selbst, sondern auch der Vierbeiner.

Damit es mit der Mensch-Hund-Beziehung klappt, möchten wir nochmals einige Tipps und Hilfen anbieten, um die Arbeit gemeinsam zu erleichtern. Es sind nur kleine Tipps, mit denen der Vierbeiner eine deutlich bessere Bindung zu seinen Haltern aufbauen kann.

An oberster Stelle steht in dem Fall das Vertrauen. Wie schon erwähnt, ist das Vertrauen einer der wichtigsten Punkte zwischen Hund und Mensch. Schaut man sich beispielsweise die Beziehung zwischen zwei Menschen an, wird auch dort schnell klar, dass Vertrauen einfach eine sehr wichtige und relevante Rolle spielt. Nur mit einem gewissen Vertrauen schafft man es, in verschiedenen Situationen im Alltag eine Stärkung für seinen Vierbeiner zu sein. Aufgrund dessen sollte man immer daran arbeiten, Vertrauen zu schaffen und dieses mit den Jahren gemeinsam mit seinem Hund zu festigen.

Neben dem Vertrauen ist es wichtig, auf eine korrekte Auslastung bei seinem Vierbeiner zu achten. Besonders in der Welpenzeit darf man seinen Hund nicht überfordern, aber auch nicht unterfordern. Dies gilt eigentlich nicht nur in der Welpenzeit, sondern allgemein in der Zeit, in der der Vierbeiner heranwächst. Jeder Hund, auch Welpen, hat gewisse Vorlieben. Das bedeutet, dass sie bestimmte Spiele gerne spielen oder einfach nur Nasenarbeit machen. Je nachdem, welche Vorlieben der eigene Welpe hat, kann dies bereits eine Gemeinsamkeit sein. Ein Hobby, welches beiden Spaß machen und die Bindung stärken wird. Doch Achtung: Jeder Hund braucht seine Ruhephasen. Besonders Welpen schlafen beziehungsweise ruhen bis zu 20 Stunden am Tag. Diese Ruhezeiten brauchen sie auch, um sich ausgeglichen und wohl zu fühlen.

Wie schon mehrmals erwähnt, ist es zugleich sehr wichtig, dass man seinem Vierbeiner bestimmte Regeln und vor allem auch Routinen in den Alltag einbaut. Nur mit eigenen Regeln kann sich der Vierbeiner austoben und leben. Gerade bei unsicheren Hunden ist es sehr wichtig, dass man gewisse Routinen und vor allem auch Regeln in den Alltag mit einbaut. Nur so schafft man ein gemeinsames Vertrauen und kann die Bindung auch bei einem unsicheren Hund stärken.

Neben diesen Gemeinsamkeiten können zugleich auch die gemeinsamen Erlebnisse sehr viele Vorteile bieten. Vielleicht kann man einen besonderen Ausflug mit seinem Vierbeiner planen oder aber einfach etwas Gemeinsames machen, was ihm viel Freude bereitet. Dies kann beispielsweise eine Wanderung sein oder aber auch der Besuch an einem Ort, an dem sich der Welpe besonders gerne aufhält. Es sind auch die gemeinsamen Momente, die man mit seinem Hund erleben und entdecken kann. Man wird mit der Zeit ein Gefühl dafür bekommen, was der Vierbeiner gerne macht und worauf man bei der Erziehung achten sollte.

Ein letzter wichtiger Punkt für eine gute Bindung zwischen Mensch und Hund ist die Hundesprache. Der Halter muss lernen, seinen Hund lesen zu können, um zu verstehen, was genau seine Bedürfnisse, Gefühle und Emotionen sind. Hunde zeigen einem deutlich an, was sie möchten und welche Bedürfnisse sie haben. Grundsätzlich ist die Hundesprache immer die gleiche.

Man sieht anhand der Tipps und Hilfen in diesem Kapitel, dass es nicht besonders schwer ist, eine Bindung mit seinem Vierbeiner aufzubauen. Deutlich wichtiger ist es einfach, dass man gemeinsam mit seinem Hund diesen Weg geht und schaut, welche Bedürfnisse man erfüllen sollte.

4. Die Kommunikation zwischen Mensch und Welpe

Die Kommunikation zwischen Mensch und Welpe ist genauso wichtig wie der Aufbau der Bindung. Eigentlich kann man sagen, dass es durch eine gute Kommunikation zu einer sehr guten Bindung mit dem Vierbeiner kommt. Gerade Welpen müssen erst einmal die Hundesprache lernen und vor allem lernen, sich auszudrücken und zu zeigen, was sie möchten. Als Halter wird man sehr schnell feststellen, dass Welpen sich noch nicht so ausdrücken können wie beispielsweise ein Junghund oder auch ein erwachsener Hund.

Schaut man sich beispielsweise Hunde untereinander an, wird man schnell feststellen, dass sie mit der eigenen Körpersprache kommunizieren. Das macht auch die Hundemutter mit ihren Welpen. Was oftmals sehr ruppig oder streng aussieht, gehört einfach zur Hundesprache dazu. Schon von Beginn an erzieht die Mutter ihre Welpen. Diese Aufgabe muss der Hundehalter nach der Abgabe der Welpen übernehmen. Doch wie macht er das am besten? Eine berechtigte Frage. Schließlich kann der Mensch sich nicht unterhalten wie ein Hund. Oder doch?

5. Die Körpersprache eines Welpen

Welpen haben, im Gegensatz zu ausgewachsenen Hunden, noch eine komplett andere Körpersprache. Die Körpersprache eines erwachsenen Hundes müssen sie erst einmal lernen. Das ist übrigens auch mit ein Grund, warum es schwierig ist, den Welpen zu verstehen.

Die Körperhaltung des Welpen, die Mimik und vor allem auch die Bewegungen spielen bei der Körpersprache eine sehr wichtige Rolle. Es gibt einige Bewegungen, die machen Welpen einfach von klein auf, sodass man diese sehr gut verstehen oder lesen kann. Auch erwachsene Hunde wissen genau, was der Welpe einem sagen möchte. Welpen zeigen alleine durch das Wedeln mit dem Schwanz oder den einzelnen Kopfbewegungen, was sie wollen und was sie sagen möchten. Auch wenn dies noch nicht besonders gut ausgeprägt ist, versuchen die Welpen, sich durch ihre Körperhaltung verständlich zu machen. Beispielsweise bellen viele Welpen, um auf sich aufmerksam zu machen oder auch Aufmerksamkeit zu bekommen. Gestresste Welpen lecken sich über das Maul. Es gibt daher viele kleine Details, die sich in der Kommunikation bemerkbar machen.

Man sollte schließlich nicht vergessen, dass Hunde schon von klein auf kommunizieren. Sie nehmen verschiedene Gerüche und auch Geräusche wahr und versuchen auch dadurch, in Kommunikation zu bleiben. Wer sich mit den verschiedenen Körperhaltungen und auch Verhaltensweisen von Hunden befasst, wird schnell feststellen, was auch der eigene Welpe sagen möchte. Doch nicht nur die Körpersprache des Welpen selbst ist bei der Hundeerziehung ein sehr wichtiger Bestandteil. Das Gleiche gilt auch für die Körpersprache des Menschen. Als Halter sollte man seinem Vierbeiner immer eine gezielte Körpersprache zeigen und auch Signale senden. Damit möchten wir sagen, dass die Körpersprache des Menschen mindestens genauso wichtig ist, da der Welpe dann genau weiß, was er richtig oder falsch macht.

Mit einer guten Beziehung zwischen Mensch und Hund und einer sehr guten Kommunikation schafft man es als Team, mit viel Achtsamkeit und Selbstreflexion, seinen Vierbeiner zu verstehen, ohne mit ihm sprechen zu müssen. Die Kommunikation läuft daher nur auf die eigenen Körpersignale hinaus.

Erziehungsplan – Was muss ein Welpe alles lernen?

Kein Hund kommt schon erzogen auf die Welt. Auch Hunde durchleben verschiedene Stufen in ihrem Leben, die nicht immer leicht sind. Nicht nur für den Vierbeiner selbst, sondern auch für den Halter. Wichtig bei jeder Erziehung ist es, dass man schon in den jungen Lebensjahren damit beginnt, Regeln aufzustellen. An diese Regeln muss sich der Welpe halten, damit es zu einem harmonischen Miteinander kommen kann. Auch wenn einige Hundehalter denken, dass Welpen noch keine klaren Regeln brauchen – damit liegt man komplett falsch. Umso eher man mit der Erziehung eines Hundes beginnt, umso besser wird es auch im gemeinsamen Alltag funktionieren. Schließlich brauchen Hunde Regeln, damit sie wissen, was sie dürfen und was nicht. Hinzu kommt, dass ein Hund nur glücklich ist, wenn er auch Regeln hat, an die er sich halten muss.

Besonders im Welpenalter gibt es einige wichtige Regeln beziehungsweise Erziehungsmaßnahmen, mit denen man schon sehr früh beginnen sollte. Natürlich darf man seinem Vierbeiner ein oder zwei Tage Zeit geben, um sich beim Einzug erst einmal an die neue Umgebung und seine neue Familie zu gewöhnen. Danach sollte man jedoch sofort damit beginnen, seinem Vierbeiner einiges beizubringen. Kein Welpe kommt auf die Welt und ist beispielsweise stubenrein. Kein Welpe hat von Geburt an eine Beißhemmung oder ist mit anderen Hunden oder sogar weiteren Haustieren sozialisiert worden. Genau dort muss man als Hundehalter schon von Beginn an anknüpfen und dem Welpen selbst beibringen, wie er sich in bestimmten Situationen zu verhalten hat.

Auch wenn es nun ein wenig viel klingt, macht es einfach unfassbar viel Spaß, dem Neuankömmling viel Neues beibringen zu dürfen. Wir haben daher die wichtigsten Punkte aufgelistet, bei denen man einige erzieherische Maßnahmen treffen sollte. Diese Punkte sind in der Erziehung einfach sehr wichtig und sollten schon von Beginn an trainiert werden.

1. Beißhemmung

Welpen haben von Geburt an keine Beißhemmung. Wer schon einmal einen Welpen großgezogen hat, wird wissen, dass sie gerne einfach alles anknabbern. Ob nun an den Händen des Halters oder aber auch an Möbeln. Kein Vierbeiner hat von Geburt an eine Beißhemmung. Genau diese sollte der Welpe am besten zwischen der 4. Lebenswoche und der 16. Lebenswoche erlernen. Ist dies beispielsweise noch nicht beim Züchter geschehen und kommt der Welpe mit der 8. Woche zu einem, sollte man unbedingt daran arbeiten und die Beißhemmung trainieren. Dabei muss der Welpe die Stärke seines Gebisses kennenlernen. Beißen die Welpen beispielsweise bei ihren Geschwistern zu fest zu, fiepen sie in der Regel laut. Macht der Welpe das bei seinen Elterntieren oder später auch bei einem zweiten Hund, kann es schon passieren, dass dieser den Welpen zurechtweist.

Doch aus welchem Grund ist es eigentlich wichtig, dem Welpen schon so früh die Beißhemmung beizubringen? Auch diese Frage möchten wir dazu gerne einmal beantworten. Hunde, und auch Welpen, können mit ihrem Gebiss sehr viel Schaden anrichten. Hat ein Welpe beispielsweise keine Beißhemmung und zwickt ein Kind, ist das nicht nur schmerzhaft, sondern auch problematisch. Der Hund muss einfach lernen, dass er sein Gebiss nicht gegenüber Kindern, Menschen oder Artgenossen einsetzen soll. Der Welpe braucht daher klare Grenzen.

Lernt ein Welpe beispielsweise nicht, eine Beißhemmung aufzubauen, kann dies auch im Erwachsenenalter schwere Folgen haben. Wichtig ist, dass man schon von Beginn an trainiert oder eine Hundeschule besucht, in der man genau das lernen kann. Schließlich lernt der Welpe dadurch auch, dass er nicht an Körperteilen, Gegenständen oder Möbeln herumknabbern oder hineinbeißen darf.

Doch was ist, wenn der Welpe beim Spielen doch noch zu fest zubeißt? Auch auf diese Frage wollen wir kurz eingehen, damit Sie wissen, wie Sie sich in diesem Fall verhalten sollen. Es kann schließlich immer mal passieren, dass der Welpe beim Spielen seine Zähne benutzt. Sollte der Welpe zu fest zubeißen ist es wichtig, dass Spielen sofort abzubrechen und den Raum zu verlassen. Der Welpe lernt dadurch, dass er sich falsch verhalten hat und nicht weiter gespielt wird, wenn er übermütig wird und fest zubeißt. Sollte der Welpe aus der Situation nicht lernen, kann man den sogenannten Schnauzengriff einsetzen und ein Signalwort nennen. „Tabu“ ist beispielsweise ein Signalwort, welches heute gerne verwendet wird, um einem Welpen zu signalisieren, dass er genau das nicht mehr darf. Der Schnauzengriff ist ein Griff, den der Welpe bereits von der Mutter kennengelernt hat. Nicht jeder kann diesen von Beginn an einsetzen. Wer sich unsicher ist, ob er die Schnauze des Vierbeiners greifen kann und ihm damit signalisiert, dass er etwas falsch gemacht hat, kann mit einem Hundetrainer oder einer Hundeschule sprechen. In der Regel wird der Schnauzengriff bei besonders unerwünschtem Verhalten eingesetzt.

Gerade im Umgang mit Kindern ist es umso wichtiger, dass der Welpe lernt, dass er nicht zubeißen soll. Kommt ein Welpe also in eine Familie mit Kindern, ist es sehr wichtig, dass man ihn erzieht und sofort zeigt, dass besonders das feste Spielen mit Kindern absolut tabu ist. Für den Hundehalter selbst ist das nicht immer eine leichte Aufgabe, da in der Regel nicht nur der Welpe selbst oftmals noch viel lernen muss, sondern auch die Kinder. Auch diesen sollte man unbedingt beibringen, wie man mit einem Hund umgeht, ohne dass sie ihm weh tun oder falsch mit ihm umgehen. Kinder dürfen den Vierbeiner zwar streicheln. Allerdings sollten sie ihn nicht am Schwanz ziehen oder an anderen Körperteilen. Genau dann kann es nämlich viel schneller passieren, dass der Welpe handelt und zuschnappt.

Man darf nicht vergessen: Kein Hund ist von Geburt an aggressiv und beißt ohne Grund. Es ist daher sehr wichtig, dass man seinen Vierbeiner schon vom Welpenalter an genau beobachtet und schaut, wie das Zusammenleben mit den Kindern und anderen Artgenossen ist. Bringt man dem Welpen dann von klein auf bei, dass er nicht zu beißen hat, hat man auch im Alltag keine weiteren Probleme mehr. Es ist alles eine Sache der Übung. Mit viel Geduld und Training steht dem Zusammenleben mit einem Welpen nichts mehr im Wege.

2. Stubenreinheit

Die Stubenreinheit ist ein sehr schwieriges und dennoch wichtiges Thema beim Einzug eines Welpen. In der Regel sind die Vierbeiner schon stubenrein, wenn sie in ihrem neuen Zuhause einziehen. Viele Züchter arbeiten hart daran, dass genau das der Fall ist. Das bedeutet nicht, dass der Welpe nicht alle zwei Stunden raus muss. Im Gegenteil: Der Züchter hat den Kleinen bereits von klein auf beigebracht, dass sie sich melden sollten, wenn sie auf die Toilette müssen. Dies ist jedoch nicht immer der Fall. Es gibt Welpen, die pinkeln einfach in die Wohnung, ohne dass sie sich melden. Sie haben nicht gelernt, dass man nur draußen sein Geschäft verrichten sollte, und auch nicht, dass man sich melden muss, wenn man sich entleeren will. Egal, wie der Welpe bei einem einzieht – das nachträgliche Training für die Stubenreinheit ist in jedem Fall sehr wichtig und muss ausgebaut werden. Wie das genau funktioniert, möchten wir ebenfalls erläutern.

Einen Welpen stubenrein zu bekommen, bedarf viel Zeit und Geduld. Natürlich geht so was nicht von heute auf morgen. Im Gegenteil, denn es kann einige Wochen oder sogar Monate dauern, bis der Welpe wirklich stubenrein ist. Es ist daher hilfreich, wenn man einige Regeln selbst beachtet, damit der Welpe schneller lernt, dass er sein Geschäft nur draußen und nicht in der Wohnung verrichten darf. Als Hundehalter sollte man seinen Vierbeiner genau beobachten, damit man weiß, wie er reagiert, wenn er raus muss.

Welpen lernen in der Regel noch sehr schnell. Daher sollte man immer rausgehen, wenn folgende Situation auftritt:

- der Welpe ist nach dem Schlafen aufgewacht
- der Welpe hat gerade gefressen und auch getrunken
- er wirkt deutlich aktiver und ist auch noch sehr aufgeregt und unruhig
- er geht immer wieder dorthin, wo er schon mal hingemacht hat
- er rennt aufgeregt zur Tür
- er setzt sich hin und man bemerkt, dass er sich lösen muss

Diese Punkte sind schon einige Beispiele, anhand dessen man festmachen kann, dass der Welpe raus muss. Geht man dann mit ihm auf eine Wiese und er entleert sich, muss man seinen Welpen überschwänglich loben. Am besten auch ein Leckerchen anbieten. Der Welpe verbindet diese Situationen miteinander und lernt mit der Zeit, dass er sich nur draußen entledigen soll. Übrigens: Der Welpe lernt einfach viel schneller, wenn man ihn sehr stark lobt und auch belohnt. Natürlich kann es immer mal zu einem Missgeschick in der eigenen Wohnung kommen. Wichtig ist, dass man dann mit dem Vierbeiner vor die Tür geht und ihn nicht bestraft. Es kann passieren, dass der Welpe seinem Halter dann nicht mehr vertraut.

Es dauert immer eine gewisse Zeit, bis der Welpe stubenrein ist. Als Hundehalter sollte man sich immer vor Augen halten, dass dies eine ganze Weile dauern kann und man mit viel Geduld vorangehen sollte. Geduld, Konsequenz und Liebe sind die Stichwörter, die nicht nur bei der Stubenreinheit hilfreich sind, sondern auch bei allen anderen Regeln, die man seinem Welpen beibringen möchte.

3. Sozialisierung mit anderen Artgenossen

Die Sozialisierung mit anderen Hunden und Artgenossen ist ebenfalls schon vom Welpenalter an sehr wichtig. Man sollte sich dabei immer vor Augen halten, dass der Vierbeiner auch viele neue Hunde kennenlernt, mit ihnen spielt und die Körpersprache lernt. Die Sozialisierung eines Welpen spielt eine sehr entscheidende und wichtige Rolle. Doch was bedeutet das eigentlich genau? Die Sozialisierung ist eigentlich relativ einfach zu erklären. Schließlich ist es die Aufgabe des Hundehalters, den Welpen dabei zu unterstützen, sich in der Umwelt und im Verhalten mit anderen Hunden und Tieren zu benehmen. Es ist wichtig, dass der Welpe gezielt lernt, wie er sich gegenüber anderen verhalten soll. Und genau dabei soll der Mensch helfen.

Die Vorbereitungen für die Sozialisierungsphase beginnt in der Regel schon beim Züchter. Schon dort lernen die Vierbeiner, wie sie sich im Umgang mit ihren Eltern und Geschwistern zu verhalten haben. Dort kommen die Welpen oftmals auch mit anderen Menschen in Kontakt und lernen, dass sie keine Angst haben müssen. Die meisten Welpen sind in den ersten Lebenswochen schon neugierig und möchten die Welt erkunden.

Danach beginnt die erste Phase der Sozialisierung. In dieser Phase lernen die Welpen alle wichtigen Dinge kennen, mit denen man sie auch als Hundehalter vertraut machen möchte. Besonders fremde Menschen, fremde Hunde und andere Tiere lernen die Vierbeiner zu dieser Zeit kennen. Die Sozialisierung ist genau dann sehr wichtig, damit der Hund keinerlei Ängste vor anderen Hunden entwickelt und nicht sofort zurückschreckt, wenn er einen fremden Vierbeiner auf der Straße sieht.

Nach der ersten Phase der Sozialisierung folgt unter anderem die zweite Phase, in der der Welpe ebenfalls einiges lernen muss. Man nennt diese Phase auch Gewöhnungsphase. Der Welpe muss in dieser Phase lernen, dass beispielsweise Jogger, Staubsauger oder aber auch andere Hunde keine Gefahr darstellen. In der Regel gibt es bestimmte Verhaltensweisen, die sich gerade bei Welpen bemerkbar machen. Diese Verhaltensweisen beruhen immer auf Angst. Welpen, die beispielsweise nicht gut sozialisiert wurden, haben generell Angst vor fremden Eindrücken, Menschen und Tieren. Gerade zu dieser Zeit kann es passieren, dass sich einige unerwünschte Verhaltensweisen einprägen, die man später nicht mehr leicht erziehen kann. Aufgrund dessen ist es umso vorteilhafter, wenn man seinen Welpen schon früh sozialisiert, um ihm ein angenehmes, glückliches und soziales Leben bieten zu können.

4. Kennenlernen von Haushaltsgeräten und Weiterem

Die Sozialisierung erfolgt nicht nur bei Menschen, Hunden und anderen Tieren. Auch in Hinblick auf Haushaltsgeräte oder aber auch andere Geräten aus dem Alltag ist es wichtig, dass der Welpe genau das kennenlernt. Oftmals ist es der Fall, dass Welpen schon vieles bei ihrem Züchter lernen. Sie lernen beispielsweise verschiedene Haushaltsgeräte kennen, lernen, wie man mit Lautstärke umgeht, und haben in der Regel keine Angst, wenn man den Staubsauger benutzt. Dies ist jedoch nicht immer der Fall.

Welpen, die sich in der neuen Umgebung noch nicht zurechtfinden und nicht genau wissen, dass es sich um ein neues, sicheres Zuhause handelt, haben oftmals Probleme, neue Haushaltsgeräte kennenzulernen. Sie bellen den Staubsauger an, haben Angst davor oder legen andere Verhaltensweisen an den Tag. Aufgrund dessen sollte man schon von Beginn an damit beginnen, die täglichen Haushaltsroutinen weiter zu erledigen. Der Welpe muss sich schließlich langsam an die Geräte gewöhnen. Ob nun ein Staubsauger, die Spülmaschine oder aber auch der Wischer – es kann immer vorkommen, dass der Welpe zurückschreckt, da er diese Haushaltsgeräte noch nicht kennengelernt hat.

Es ist daher wichtig, dem Vierbeiner schon von klein auf an die neue Umgebung und an die vielen Haushaltsgeräte zu gewöhnen und ihm zu zeigen, dass er keine Angst haben muss. In der Regel lernen Welpen diese Verhaltensweisen sehr schnell und gewöhnen sich schnell an die neuen Geräte.

5. Frustrationstoleranz

Ein weiterer und besonders wichtiger Punkt in der Welpenerziehung ist die Frustrationstoleranz. Ein Begriff, den man wahrscheinlich schon das eine oder andere Mal gehört hat, aber nicht genau weiß, worum es dabei geht und wie man diese trainiert. Genau aus dem Grund möchten wir auch diesen Punkt in der Welpenerziehung mit aufnehmen und erklären, wie man die Frustrationstoleranz trainieren kann und was das genau bedeutet.

Vorweg möchten wir einmal kurz erläutern, was der Begriff Frustrationstoleranz eigentlich genau bedeutet. Damit wird ausgesagt, dass der Welpe einen gewissen Frust aushalten muss. Dies muss er ebenfalls von klein auf lernen. Besonders Welpen und auch noch Junghunde können sehr schwer Frust aushalten. Das Gleiche gilt übrigens auch für Langeweile. Für den Hundehalter bedeutet das: viel Geduld, Toleranz und Training. Auch Konsequenz sollte mit darunterfallen, da es schon eine Weile dauernd wird, bis der Hund versteht, dass er auch mal warten muss, wenn er etwas möchte.

Doch aus welchem Grund muss ein Vierbeiner die Frustrationstoleranz lernen? Genau das ist für den Alltag mit dem Vierbeiner einfach sehr wichtig. Der Welpe wird es auch im Alltag deutlich leichter haben und ein zuverlässiger und toller Begleiter werden. Außerdem kann eine gut trainierte Frustrationstoleranz dabei helfen, für einen sicheren Rückruf zu sorgen. Es ist auch nicht selten, dass eine zu hohe Frustration sehr schnell in eine Aggression umschwenkt. Auch das sollte man natürlich vermeiden und schon vom Welpenalter an trainieren.

Oftmals merkt man einen gestressten oder gefrusteten Hund daran, dass er viel hechelt oder unruhig wird. Genau das können bereits Stresssymptome sein, die genau dann auftreten. Manche Hunde bellen sogar sehr oft oder fiepen laut. Es gilt daher, seinen Vierbeiner genau zu beobachten und zu schauen, wie er sich in bestimmten Situationen verhält.

Doch wie bringt man dem Welpen nun Frustrationstoleranz bei? Grundsätzlich lernen Hunde schon sehr früh, Frust zu erleben.

Viele Hundehalter wollen ihren Vierbeiner genau davor bewahren und versuchen, es ihm so einfach wie möglich zu machen. Doch genau das ist falsch. Der Hund sollte schon früh lernen, auch seinen eigenen Frust aushalten zu müssen. Es ist daher nicht schlimm, wenn man nicht sofort reagiert, wenn der Welpe etwas möchte, oder wenn man ihm nicht seinen Willen gibt. Nur so kann er seine Frustrationstoleranz verbessern und lernen.

Mithilfe eines individuellen Trainings und vor allem einiger Ruheübungen, die man gerne auch unterwegs einbauen kann, schafft es der Hundehalter, die Frustrationstoleranz seines Welpen immer weiter ausbauen zu können. Es ist dabei sehr wichtig, dass man in kleinen Schritten trainiert und dafür sorgt, dass der Welpe nach und nach lernt, wie er mit Frust oder Stress umgehen muss. Außerdem sollte man seinen Welpen, egal bei welchem Training, niemals überfordern oder zu schnell an die Sache herangehen. Oftmals bleiben genau dann die Erfolgserlebnisse aus, die man sich wünscht.

Wie bereits angedeutet, kann eine Ruheübung unterwegs sehr viele Vorteile für den Vierbeiner bieten. Am besten trainiert man diese Übung in einer Umgebung, die nur sehr wenig Reize für den Welpen bieten kann. Im heimischen Garten oder auf einer großen Wiese ist ein solches Training einfach bestens geeignet. Dabei setzt man sich auf den Boden und liest beispielsweise etwas. Man kann sich einfach etwas nehmen, womit man sich beschäftigt und einfach mal in Ruhe auf einer Wiese sitzt. Dabei sollte man seinem Welpen auch kein direktes Kommando geben, sondern ihn einfach in Ruhe lassen. Der Welpe wird sich natürlich umsehen und gar nicht verstehen, was nun zu tun ist. Viele Welpen kennen es nicht einmal, dass man auch mal zur Ruhe kommen muss. Macht der Welpe diese Übung gut, legt er sich einfach irgendwann hin. Das ist zumindest bei den Hunden der Fall, die schon viel für die Frustrationstoleranz gelernt haben. Es ist für einen Hund sehr wichtig, auch unterwegs einfach mal eine Pause einzulegen. Besonders bei langen Spaziergängen oder Wanderungen kann eine solche Übung daher viel wert sein.

Übrigens: Um die Übung zu beenden, steht man einfach auf und geht kommentarlos weiter. Dabei ist es sehr wichtig, keine Leckerchen zu verfüttern oder ihn anderweitig zu loben. Schafft der Welpe es schon, diese Situation auszuhalten, kann man sich in eine andere Umgebung bewegen, die mehr Reize zu bieten hat. Dadurch lernen die Vierbeiner, mehr und mehr Frustrationstoleranz zu entwickeln.

6. Leinentraining

Kein Hund kann vom Welpenalter an perfekt an der Leine laufen. Genau das ist mit ein Grund, warum auch das Leinentraining in der Welpenerziehung eine sehr wichtige und relevante Rolle spielt. Man wird schon in den jungen Lebensjahren des Welpen erkennen, dass dieser sehr stark an der Leine zieht, alles erkunden möchte und es nicht einmal wenige Meter schafft, ordentlich an der Leine zu laufen. Genau deswegen sollte man schon von klein auf anknüpfen und dem Vierbeiner beibringen, wie man an der Leine zu laufen hat.

Am besten funktioniert ein solches Training ebenfalls mit Leckerchen. Diese kann man übrigens neben der positiven Verstärkung durch ein Lob einsetzen. Fast alle Hunde trainieren mit Futter einfach deutlich leichter. Um dem Hund beizubringen, dass er beispielsweise nicht an der Leine ziehen soll, kann man immer dann stehen bleiben, wenn er in die Leine springt oder zu fest zieht. Der Welpe wird seinen Willen nicht bekommen, wahrscheinlich fiepen oder weinen und anschließend wieder zurück zum Halter gehen. Kommt er zurück und die Leine ist nicht mehr auf Spannung, kann man einfach kommentarlos weitergehen. Dadurch lernt der Welpe nach einer gewissen Zeit, dass er nicht an der Leine ziehen soll.

Eine andere Möglichkeit ist, genau das Verhalten mit Leckerchen zu trainieren. Dieses kann man beispielsweise immer in der Hand halten, sodass der Welpe es riecht und schon automatisch neben einem geht. Mit dem Kommando „Fuß" kann man gleichzeitig auch dieses Verhalten trainieren. Ist der Welpe daher besonders empfänglich für Leckerchen, kann ein solches Training einfach viele Vorteile bieten.

Besonders wichtig ist, dass man langsam, konsequent und auch liebevoll an die Aufgaben in der Welpenerziehung herangeht. Es kann ziemlich anstrengend sein, wenn der Welpe an der Leine hin und her rennt oder aber auch dauerhaft an der Leine zieht. Dies sollte einen Hundehalter noch nicht frustrieren. Es ist völlig normal, dass Welpen in den jungen Lebensjahren so reagieren. Sie müssen schließlich erst einmal alles lernen. Das gilt auch für die Leinenführigkeit.

Wer sich in einer Welpenschule oder auch Hundeschule anmeldet, wird genau das mit dem Vierbeiner gemeinsam lernen können. Dort bringen die Hundetrainer den Haltern und Hunden bei, wie man am besten an der Leine läuft, was man genau trainieren kann und welche Möglichkeiten es bei einem solchen Training gibt. Gerade, wenn man seinen ersten Welpen hat, ist es mehr als sinnvoll, in eine Hundeschule zu gehen, um ihm nicht nur das optimale Sozialverhalten beibringen zu können, sondern auch zu lernen, wie man bestimmte Aufgaben mit dem Welpen gemeinsam bewältigen kann.

7. Blickkontakt zum Besitzer

Welpen müssen erst einmal lernen, dass sie ihrem Halter folgen sollen. Für eine optimale Mensch-Hund-Beziehung gehört der

Blickkontakt daher einfach dazu. Doch auch diesen müssen viele Welpen erst einmal lernen. Es gibt Vierbeiner, die schon im Welpenalter am liebsten die gesamte Welt allein erkunden wollen. Es gibt aber auch Welpen, die sofort ihrem Besitzer folgen und immer an seiner Seite stehen.

Blickkontakt zum Besitzer aufzubauen ist nicht immer leicht. Je nachdem, wie schnell der Welpe in der Umgebung abgelenkt ist, kann es einige Zeit dauernd, bis man genau das aufbauen kann. Eine gute Möglichkeit, um den Blickkontakt aufzubauen, ist es, einfach ein Kommando dafür einzusetzen. „Guck" ist beispielsweise ein passendes Kommando, damit der Welpe einen sofort ansieht. Natürlich wird er belohnt, wenn er bei diesem Kommando seinen Halter anschaut.

Eine solche Übung funktioniert übrigens auch, wenn der Hund wieder zu stark an der Leine zieht. Mit dem Kommando „Guck" wird der Vierbeiner sofort ein Leckerchen in Verbindung bringen und das abrupte Ziehen an der Leine unterbrechen.

Wie man dieses Kommando aufbaut und ob man es überhaupt mit einem Kommando trainiert, muss jeder Halter selbst entscheiden. In der Regel lernen die Vierbeiner dadurch jedoch deutlich besser, immer Blickkontakt zu ihrem Halter zu halten und ihm auch in der Umgebung außerhalb der eigenen vier Wände zu folgen.

8. Das Training für eine Hundebox

Viele Hundebesitzer trainieren ihren Welpen mit einer Hundebox, in der er beispielsweise in der Nacht schlafen soll, um nicht umherzulaufen und zur Ruhe zu kommen. Ob man mit einer Hundebox trainiert oder nicht, ist jedem selbst überlassen. Es gibt viele Hundehalter, die genau mit einem solchen Training vorgehen, aber auch Halter, die nichts davon halten.

Grundsätzlich sollte man eine Hundebox niemals als Käfig oder Ähnliches ansehen. Eine Hundebox kann schließlich einige klare Vorteile bieten und das nicht nur für den Halter, sondern auch für den Vierbeiner selbst. Die Box kann ein sicherer Ort für den Welpen sein. Dieser Ort dient dazu, um sich zurückzuziehen und zur Ruhe zu kommen. Legt sich der Welpe beispielsweise in die Box, möchte er seine Ruhe und sucht einen Ort, wo er diese Ruhe auch bekommt. Daher kann die Hundebox für den Welpen ein sicherer Rückzugsort sein, wo keine Kinder oder andere Menschen hingehen sollten. Außerdem kann eine solche Box auch dabei helfen, den Welpen stubenrein zu bekommen. Man sieht daher deutlich, dass es viele Vorteile gibt, mit einer Hundebox zu arbeiten.

Doch Achtung: Die Hundebox selbst sollte niemals eine Strafe für den Welpen sein. Außerdem muss man seinen Vierbeiner langsam und mit der Zeit an die Box gewöhnen. Dafür braucht man ebenfalls viel Ruhe und Geduld.

Wichtig ist es außerdem, die Box an einen Ort zu stellen, wo nicht dauerhaft Menschen vorbeigehen. Am besten steht sie an einem Ort, wo wirklich viel Ruhe herrscht und wo der Vierbeiner auch wirklich Ruhe bekommt. Gerade im Welpenalter können diese Boxen dabei helfen, dem Vierbeiner beizubringen, dass er sich ausruhen kann und auch in Ruhe gelassen wird. Besonders im Welpenalter sind die Umgebung und das Drumherum noch sehr aufregend. Viele Welpen schaffen es nicht, sich zur Ruhe zu legen, und wollen einfach immer und überall dabei sein. Genau aus dem Grund ist es umso wichtiger, mit dem Training für die Hundebox schon früh zu beginnen, damit der Welpe lernt, sich zu entspannen und zur Ruhe zu kommen.

Wie belohne ich einen Welpen richtig?

In diesem Buch haben wir mehrfach von Belohnungen, positiver Verstärkung und der Gabe von Leckerchen gesprochen. Es ist nicht mehr unbekannt, dass man mit Belohnungen viel mehr erreichen kann als mit Bestrafung. Besonders Welpen sollten lernen, dass sie belohnt werden, wenn sie etwas richtig oder gut machen. Außerdem lernen Welpen deutlich schneller, wenn man sie belohnt und ihnen zeigt, dass es immer etwas ganz Tolles gibt, wenn sie etwas richtig machen oder sich richtig verhalten. Doch nicht nur die Gabe von Leckerchen kann als Belohnung eingesetzt werden. Es gibt noch einige weitere Möglichkeiten, um seinen Welpen zu belohnen und ihm zu zeigen, dass er etwas richtig macht.

Genau dort wollen wir in dem letzten Kapitel unseres Buches anknüpfen und zeigen, wie man einen Welpen richtig belohnt und wie man richtig vorgeht. Schließlich kommt es nicht nur auf die Belohnung selbst an, sondern gleichzeitig auch auf den richtigen

Zeitpunkt. Auch dieser muss stimmen, damit der Welpe das Leckerchen oder die andere Belohnung mit der jeweiligen Situation in Verbindung bringt und beides miteinander verknüpfen kann.

Außerdem darf man keineswegs vergessen, dass Welpen immer in der Lernphase sind. Sie kennen noch keine Grundkommandos, kennen viele Dinge in der Außenwelt nicht und müssen sich auch in ihrem neuen Zuhause auf viele neue Dinge einstellen. Welpen sehen die Welt noch mit ganz anderen Augen. Sie schauen sich vieles von anderen ab und ahmen es sogar nach. Nicht jeder Welpe ist darauf aus, sofort alles zu machen, was das Herrchen sagt. Jeder Welpe, egal welcher Hunderasse, ist unterschiedlich. Daher ist es umso wichtiger, zu erkennen, was der Welpe möchte und wie man ihn am besten dazu bringt, dass er Neues lernt.

Es gibt drei verschiedene Wege, um seinen Welpen zu belohnen. Zum einen ist es möglich, mit einer spielerischen Belohnung zu arbeiten, zum anderen den Welpen mit Futter zu belohnen. Es besteht aber auch die Möglichkeit, dass man seinen Welpen mit viel Liebe, Zuneigung und Streicheleinheiten belohnt. Welche Art von Belohnung man in seiner eigenen Welpenerziehung annimmt und einsetzt, hängt immer von dem jeweiligen Welpen ab. Jeder Welpe lernt anders und jeder Welpe geht anders auf die jeweiligen Belohnungen ein. Um genau das herauszufinden, kann man schon von Beginn an testen, bei welcher Form der Belohnung der Welpe am meisten anspringt und wie man ihn am besten trainieren kann.

1. Spielerische Belohnungen

Die spielerische Belohnung ist bei Welpen in der Regel noch sehr einfach umzusetzen. Diese Art von Belohnung funktioniert nicht nur beim Welpen selbst, sondern auch bei erwachsenen Hunden, die beispielsweise auf ein bestimmtes Spielzeug fixiert sind.

Um den Welpen spielerisch belohnen zu können, geht man folgendermaßen vor: Macht der Welpe beispielsweise etwas richtig, verhält sich richtig oder kommt einem Kommando nach, kann man mit ihm spielen. Das Spielen wird dann nur als Belohnung eingesetzt, sodass der Welpe lernt, dass nur gespielt wird, wenn er gehorcht und etwas gut macht. Besonders gut funktioniert das bei Hunden, die beispielsweise ein Lieblingskuscheltier oder Spielzeug haben. Dieses kann man einfach mit auf die Gassirunden nehmen und trainieren.

Viele Hunderassen werden in der Form trainiert, da sie beispielsweise auf einen bestimmten Ball oder andere Spielzeuge fixiert sind. Aufgrund dessen sind solche Belohnungen auch heute noch gerne gesehen und werden auch bei vielen erwachsenen Hunden eingesetzt. Aufgrund dessen, dass Welpen in der Regel noch sehr verspielt sind, kann auch diese Art der Belohnung bei einem Welpen funktionieren. Man muss lediglich testen, ob der Welpe dafür empfänglich ist oder lieber eine andere Belohnungsmethode infrage kommt.

2. Belohnungen durch Futter

Eine der meistverwendeten Belohnungen ist die mit Futter. Diese wird nicht nur bei Welpen, sondern auch erwachsenen Hunden eingesetzt und kommt eigentlich überall vor. Im Alltag lässt sich ein Leckerchen schließlich viel schneller geben, als das Spielen anzukurbeln. Außerdem ist eine solche Belohnung völlig unkompliziert, sodass man dafür nicht einmal viel tun muss. Es ist dabei auch völlig egal, wo man derzeit ist oder was man trainieren möchte. Belohnungen durch Futter werden von den meisten Welpen sehr gerne angenommen.

Doch Vorsicht: Auch ein Welpe kann schnell zunehmen und wachsen. Aufgrund dessen ist es umso wichtiger, dass man mit der

Belohnung durch Futter nicht übertreibt. Wer möchte, kann seinen Welpen sogar das Trockenfutter draußen verabreichen. Dadurch läuft man keine Gefahr, dass er zu schnell zunimmt oder wächst.

Doch welche Leckerchen eignen sich vor allem bei Welpen am besten?

In der Welpenerziehung sind Leckerchen willkommen. Wichtig ist es trotz alledem, dass man auf die richtigen Leckerchen setzt. Man sollte daher unbedingt darauf achten, dass die Leckerchen weich und klein sind. Am besten sollten sie nicht einmal krümeln und einfach zu kauen und zu schlucken sein. Dies hat den Vorteil, dass der Welpe durch ein hartes Leckerchen nicht sonderlich abgelenkt wird. Hinzu kommt, dass man das Training im Allgemeinen sehr schnell weiter fortsetzen kann. Gerade bei der Gabe von Leckerchen ist genau das sehr wichtig. Schließlich möchte man trainieren und nicht erst lange warten, bis der Welpe wieder aus dem Training ist und sich schnell auf was anderes konzentriert.

3. Belohnungen durch Liebe und Streicheleinheiten

Als letztere Methode möchten wir gerne die Belohnung durch Liebe oder Streicheleinheiten aufzeigen. Auch diese Methode ist heute gerne gesehen und sollte im Training auf jeden Fall Verwendung finden. Schließlich möchte man seinen Welpen nicht jedes Mal, wenn er beispielsweise Sitz gemacht hat, ein Leckerchen geben. Man baut auch in dem Bereich das Kommando immer weiter aus. Ist ein Kommando beispielsweise gefestigt, gibt man ihn beim zweiten korrekten Kommando nicht wieder ein Leckerchen, sondern belohnt ihn mit Liebe und Streicheleinheiten. Dies wird dem Vierbeiner nach einer gewissen Zeit völlig ausreichen. Natürlich darf es auch dann noch das eine oder andere Leckerchen sein. Mit der Zeit kann es aber auch mal die eine oder andere Belohnung werden.

Wie man nun bei der Welpenerziehung am besten vorgeht und mit welchen Belohnungsmethoden man am besten arbeitet, hängt immer vom Hund selbst ab. Mit der Zeit kennt man seinen Welpen einfach am besten. Aufgrund dessen ist es wichtig, dass man ihn schon beim Einzug in sein neues Zuhause genau beobachtet und darauf achtet, was der Welpe mag, worauf er reagiert und wann er besonders motiviert ist. Durch solche Beobachtungen wird das Training im Allgemeinen deutlich leichter. Man lernt mit der Zeit, auf seinen Welpen einzugehen, und weiß genau, wann man trainieren kann, wie man ihn belohnt und wann er am besten reagiert. Daher ist die richtige Belohnungsmethode immer abhängig vom Hund und natürlich auch vom Halter.

FAQ: Wichtige Fragen und Antworten zur Welpenerziehung

Abschließend möchten wir nochmals die wichtigsten Fragen und Antworten zur Welpenerziehung aufzeigen. In diesem abschließenden Kapitel haben wir die wichtigsten Informationen nochmals in Fragen mit passenden Antworten zusammengefasst und auch die einen oder anderen erweiterten Informationen gegeben. In diesem Kapitel können Sie nochmal alles Wichtige nachlesen und sich einen Überblick verschaffen.

1. Sind Regeln in der Welpenerziehung eigentlich sehr wichtig? Ja, denn schon der Welpe muss lernen, was seine Grenzen sind. Er muss lernen, wie er sich in seinem neuen Zuhause zu verhalten hat, was er darf und was er nicht darf. Man darf nie vergessen, dass Hunde nur dann glücklich durchs Leben gehen können, wenn sie auch gewisse Regeln befolgen können. Außerdem sind Regeln wichtig, damit sich der Vierbeiner

gesund und munter entwickeln kann. Daher sollte man schon ab dem Einzug des Welpen darauf achten, dass es bestimmte Regeln gibt, an die er sich von Beginn an halten sollte.

2. Doch was sollte ein Welpe alles lernen? Das ist eine berechtigte Frage, die wir in diesem letzten Kapitel noch mal kurz aufgreifen wollen. Schließlich gibt es kein Geheimrezept, was ein Welpe lernen soll und was nicht. Viel wichtiger ist es, darauf zu achten, dass man ihm genau das lehrt, was man sich vorstellt. Natürlich kann man sich Tipps und Hilfen holen, was andere Hundehalter ihrem Welpen beibringen. Man sollte sich jedoch immer im Klaren sein, dass es in jedem Haushalt einfach eigene Regeln gibt, die der Welpe lernen soll. Daher ist es für den Hundehalter mehr als wichtig, sich schon vor dem Einzug des Welpen Gedanken darüber zu machen, wie er sich das gemeinsame Leben auch später vorstellt. Genau anhand dieser Vorstellungen kann man festmachen, was man von seinem Hund erwartet und was er können muss.

3. Setzt jeder Hundehalter die Regeln für den Welpen selbst fest? Ja! Jeder Hundehalter hat seine eigenen Vorstellungen und weiß genau, was er von seinem Welpen erwartet und was nicht. Nicht jeder Hundehalter mag es beispielsweise, dass der Hund im Bett schläft. Andere wiederum finden genau das klasse und wünschen es sich auch. Konkrete Regeln sollte man daher schon im Vorfeld mit der ganzen Familie festlegen und benennen, damit es nicht zu Komplikationen in der Erziehung kommt.

4. Wie wichtig sind klare und deutliche Kommandos in der Welpenerziehung? Auch das ist sehr wichtig. Ein Welpe versteht es nicht, wenn man ihm beispielsweise erklären möchte, was er falsch gemacht hat. Macht er etwas falsch, kann man dies mit einem klaren „Nein“ oder einem klaren

„Aus“ lehren. Diese Begriffe, es können natürlich auch andere benannt werden, versteht der Welpe deutlich besser als eine ganze Geschichte, die man ihm erläutern möchte. Klare Kommandos und auch Signale sind daher sehr wichtig, damit auch das Zusammenleben mit dem Welpen funktioniert.

5. Kann man sich die Kommandos selbst aussuchen? Auch das ist möglich. Es ist nirgendwo geschrieben, welche Kommandos sein Hund können muss oder welche Signalwörter er benutzt. Auch dem Hund ist völlig egal, welche Signalwörter man benennt. Viel wichtiger ist es, dass man eines benennt und dem Hund beibringt.

6. Welches Belohnungssystem ist das beste? Auf diese Frage kann ebenfalls keine eindeutige Antwort gegeben werden. Jeder Hund ist anders, auch vom Welpenalter an. Aufgrund dessen weiß man im Vorfeld nicht genau, mit welchen Belohnungen der Vierbeiner am besten lernt. In der Regel sind Welpen jedoch verrückt nach Leckerchen und Futter. In dem Fall macht das Belohnen mit Futter Sinn. Es gibt aber auch Hunde, die für solch eine Belohnung überhaupt nicht empfänglich sind, sodass das Training mit Futter in der Form nicht funktioniert. In dem Fall sollte man immer auf eine andere Belohnungsmethode setzen.

7. Wie viele Leckerchen dürfen Welpen am Tag bekommen? Nicht zu viele! Natürlich kann man bei jeder Gassirunde mit Leckerchen arbeiten. Man sollte jedoch immer bedenken, dass der Vierbeiner schneller zunimmt. Am besten funktioniert das Training, wenn man nicht nur mit Leckerchen belohnt, sondern auch mit Spielen oder Streicheleinheiten. Eine gute Kombination aus allen ist wahrscheinlich das Beste. Man möchte schließlich nicht, dass der Welpe bereits Übergewicht hat.

8. Macht es Sinn, sich Ziele beim Training zu setzen? Ja, das ist mehr als sinnvoll. Das bedeutet nicht, dass man sich nun ein Ziel in einem bestimmten Zeitraum setzen sollte, sondern vielmehr ein gemeinsam Ziel hat, auf das man hinarbeitet. Ein Ziel kann beispielsweise sein, dass der Welpe auch mal ohne Leine laufen darf. Oder aber auch das Spielen mit anderen Hunden. Welches Ziel man sich im Training setzt, muss man selbst festlegen. Auch beim Training gilt: Jeder Welpe ist anders und jeder Welpe lernt anders.

9. Kann man mit allen Welpen gut trainieren? Jein. Natürlich gibt es Welpen, besonders von bekannten Hunderassen, die deutlich schneller lernen als andere. Es gibt aber auch Welpen, die vom Rassecharakter her besonders stur sind und bei denen die Erziehung deutlich schwieriger wird. Daher kommt es nicht nur auf den Charakter des Welpen an, sondern auch auf die Rasse.

10. Brauchen Welpen wirklich viele Ruhephasen? Ja, das ist sogar sehr wichtig. Besonders im Welpenalter sollten Ruhe, Schlaf und Entspannung weit oben stehen. Welpen schlafen bis zu 20 Stunden am Tag. Das sollte zumindest die Regel sein. Natürlich gibt es Welpen, die deutlich weniger schlafen. Man muss ihnen jedoch beibringen, dass auch sie sich ausruhen und schlafen müssen. Welpen neigen sehr schnell dazu, zu überdrehen. Das bedeutet, dass sie völlig aufgedreht sind, wenn der Spaziergang zu lang war oder die Gerüche einfach zu interessant waren.

11. Wie lange darf man mit einem Welpen Gassi gehen? Für diese Frage gibt es eigentlich keine konkrete Antwort. Eine Faustregel besagt, dass man pro Lebensmonat des Welpen 5 Minuten Gassi gehen sollte. Das bedeutet, dass man mit einem drei Monate alten Welpen nicht länger als 15 Minuten

Gassi gehen sollte. Damit ist die Gassizeit am Stück gemeint. Als Hundebesitzer schaut man nun nicht sofort auf die Uhr und trägt den Welpen wieder nach Hause, sobald die Zeit um ist. Man sollte jedoch schon darauf achten, dass man den Welpen nicht überfordert.

12. Braucht man bestimmte Zeiten, wann man seinen Welpen erzieht? Das ist nicht nötig. Oftmals baut man als Hundebesitzer die Trainingszeiten des Welpen einfach mit in den Alltag ein. Die Welpenerziehung lässt sich schließlich kinderleicht in den Alltag integrieren, ohne dass feste Zeiten notwendig sind. Es gibt daher viele Rituale, die sich mit der Zeit entwickeln werden. Jeder Halter findet gemeinsam mit seinem Welpen einen Weg, wie die Erziehung am besten funktioniert.

13. Wie empfehlenswert ist es, sich die ersten Tage frei zu nehmen, wenn der Welpe einzieht? Dies ist mehr als empfehlenswert. Gerade die ersten Tage oder auch Wochen sind für den Welpen nicht besonders einfach. Er vermisst nicht nur seine Geschwister und seine Familie, sondern muss erst einmal in der neuen Umgebung zurechtkommen. Es ist daher sinnvoll, sich die erste oder zweite Woche frei zu nehmen, um sich voll und ganz seinem Welpen zu widmen. Beide müssen sich erst einmal an den neuen Alltag gemeinsam gewöhnen.

14. Ab wann ist ein Welpe genau stubenrein? Die Stubenreinheit ist ein Thema, welches nicht immer einfach ist. Es gibt Welpen, die mehrere Monate brauchen, um stubenrein zu werden. Doch gerade dabei ist es einfach sehr wichtig, Ruhe und Geduld mitzubringen. Auch wenn man hin und wieder verzweifelt: Der Welpe lernt schneller, als man denkt. Die Erziehung und vor allem die Stubenreinheit können einfach nicht von heute auf morgen funktionieren. Viel Geduld gehört in dem Fall ebenfalls

dazu. Daher kann man keine pauschale Antwort darauf geben, wann genau der Welpe stubenrein ist.

15. Brauchen auch Welpen schon Grenzen? Ja, und das von Beginn an. Auch wenn man denkt, der Welpe ist noch so klein und niedlich, täuscht man sich. Welpen können sich genauso viel merken wie erwachsene Hunde auch. Es ist auch deutlich schwieriger, einem Hund eine schlechte Angewohnheit abzutrainieren, anstatt es schon von Beginn an richtig zu machen. Daher sollte man darauf achten, schon vom Welpenalter an Grenzen zu setzen und genau zu zeigen, was man möchte und was nicht. Der Welpe wird sich auch das in seinen jungen Jahren merken.

16. Ist eine frühzeitige Konsequenz ebenfalls sinnvoll? Auch das ist mehr als sinnvoll. Der Welpe muss einfach lernen, dass er beispielsweise nichts vom Tisch klauen soll oder aber nicht aufs Sofa springen darf. Damit ist nicht gemeint, dass man den Vierbeiner bestrafen soll, wenn er so etwas tut. Viel wichtiger ist es, ihn zu belohnen, wenn er etwas richtig macht und eben das richtige Verhalten an den Tag legt. Hunde sind sehr sensible Tiere. Schon im Welpenalter kann eine Bestrafung Folgen haben. Es kann schnell passieren, dass der Hund Angst vor seinem Halter bekommt oder sich viele Dinge nicht mehr traut. Die positive Bestärkung ist bei der Welpenerziehung daher sehr wichtig und sollte auch im erwachsenen Alter des Hundes an erster Stelle stehen.

17. Was ist in der Welpenerziehung noch wichtig? Besonders wichtig ist auch die Impulskontrolle. Der Welpe muss einfach mal warten oder etwas aushalten können. Viele Welpen bellen und weinen sofort, wenn sie ihren Willen nicht bekommen. Reagiert der Halter darauf, weiß der Welpe, was er genau tun muss, wenn er etwas nicht bekommt. Genau ein solches

Verhalten sollte auf keinen Fall antrainiert werden. Eher im Gegenteil, das Training für die Impulskontrolle ist genauso wichtig wie das Setzen von Grenzen und Regeln.

18. Ab wann darf ein Welpe eigentlich allein bleiben? Wer nun denkt, dass ein Welpe schon von klein auf allein bleiben kann, täuscht sich. Man muss sich immer wieder vor Augen halten, dass Welpen noch nichts kennen, außer das, was sie beim Züchter gelernt haben. Auch das Alleinbleiben muss daher erst einmal trainiert werden, und das langsam und stetig. Am besten ist es, wenn man ab der 12. oder 18. Lebenswoche mit dem Training beginnt. Es kann sogar eine ganze Weile dauern, bis der Welpe verstanden hat, dass das Alleinsein gar nicht so schlimm ist. Grundsätzlich sollte man seinen Hund jedoch nicht besonders lange allein lassen. Manchmal lässt es sich jedoch nicht vermeiden. Wichtig ist es daher, den Vierbeiner schon vom Welpenalter an an das Alleinsein zu gewöhnen.

19. Sollte man einen festen Platz für den Welpen einbauen? Genauso wichtig ist es, immer einen festen Platz für seinen Welpen einzubauen. Das bedeutet einen Platz, auf den man ihn schicken kann, wenn er sich ausruhen soll. Dies kann ein Hundebett oder auch eine Decke sein. Auch ein entsprechendes Kommando sollte man dann mit einbauen. Dadurch lernt der Welpe schon früh, dass er auf seinem Bett oder seiner Decke ruhen soll.

20. Ist die Sozialisierung mit anderen Artgenossen wichtig? Ja, sogar sehr. Schließlich soll der Hund später nicht jeden anderen Vierbeiner anbellen oder gar aggressiv reagieren. Es ist daher sehr wichtig, dass man seinen Vierbeiner gut sozialisiert und ihm beibringt, wie er auch mit anderen Hunden und Lebewesen umzugehen hat. Umso eher man auch damit beginnt, umso besser.

21. Was ist, wenn der Welpe Angst vor Geräuschen hat? Natürlich kann es hin und wieder vorkommen, dass der Welpe vor bestimmten und vor allem vor neuen Geräuschen Angst hat. Aufgrund dessen ist es wichtig, den Welpen mit allen Dingen vertraut zu machen. Ob der Staubsauger oder aber auch Geräusche, die beispielsweise im Garten auftreten. Ein gutes Training für sämtliche Geräusche ist sehr wichtig und sollte ebenfalls in der Welpenerziehung eine wichtige Rolle spielen.

22. Wie sinnvoll ist es, eine Hundeschule zu besuchen? Es ist sogar sehr sinnvoll. Die sogenannten Welpenstunden in einer Hundeschule sind genau dafür gemacht, dass der Vierbeiner nicht nur mit anderen Artgenossen spielen darf. Eher im Gegenteil. Denn in den Welpenstunden lernt er viele wichtige Punkte kennen. Neben den Grundkommandos spielt auch die Impulskontrolle eine sehr wichtige Rolle. Auch die Hundehalter, die sich nicht gut mit Hunden auskennen, machen in einer Hundeschule garantiert nichts falsch. Es empfiehlt sich daher in jedem Fall, eine Hundeschule zu besuchen und das Training mit dem Welpen zu beginnen.

Schlussteil

Die Welpenerziehung ist ein sehr komplexes und vielseitiges Thema. Es ist nicht für jeden Hundehalter leicht, konsequent zu bleiben und seinen Vierbeiner zu erziehen. Besonders Hundeanfänger haben oftmals Schwierigkeiten, die Welpensprache zu lernen und zu lesen. Selbst erfahrene Hundehalter haben oftmals noch Fragen, besonders dann, wenn ein zweiter oder dritter Hund einzieht.

Mit diesem Ratgeber haben wir alle wichtigen Fakten zusammengefasst, die die Welpenerziehung betreffen. Schließlich gibt es viele Wege, die zu dem gleichen Ergebnis führen. Dies ist vor allem an den unterschiedlichen Belohnungsmethoden zu erkennen, die für einen Welpen infrage kommen. Neben diesen sind auch die Erziehungsmethoden immer unterschiedlich. Je nachdem, welche eigenen Ziele man sich mit seinem Welpen setzt, kann man diese auf unterschiedliche Art und Weise erreichen. Die in diesem

Buch vorgestellten Tipps und Hilfen sollen daher als gute Anregung dienen, wie man seinen Welpen erziehen kann. Natürlich handelt es sich dabei nicht um eine Geheimformel für die Welpenerziehung. Jeder Hund ist anders. Jeder Welpe oder Hund hat seinen ganz eigenen Charakter, egal wie die Rassebeschreibung ist. Genau aus dem Grund muss man seinen Vierbeiner erst einmal kennenlernen und in Erfahrung bringen, wie der Charakter ist.

Wer daher schon vom Welpenalter an damit beginnt, seinen Vierbeiner zu erziehen, wird im späteren, höheren Alter keine weiteren Probleme mehr haben.

Man sollte immer daran denken: Es ist deutlich schwieriger, unerwünschtes Verhalten abzutrainieren, als von Beginn an falsches Verhalten zu korrigieren.

Wir hoffen, dass Sie mit unserem Ratgeber für die Welpenerziehung viel Spaß hatten und die Tipps und Hilfen im Alltag umsetzen können.

Rechtliches

Rückfragen, Lob oder Anregungen?

Schreiben Sie mir gerne eine E-Mail:

buecher@houbit.de

Impressum

Der Autor Peter von der Au ist vertreten durch:

Houbit UG (haftungsbeschränkt) & Co. KG

Pertelgasse 23a

55291 Saulheim

Deutschland

Coverdesign: Natalia Danchenko

Korrektor: Jürgen Müller

1. Auflage 2023

Printed in Germany
by Amazon Distribution
GmbH, Leipzig

30257114R00036